好想法 相信知識的力量

the power of knowledge

寶鼎出版

# 丟掉你的那些無關緊要

康卓拉・阿達奇 Kendra Adachi —— 著
溫力秦 —— 譯

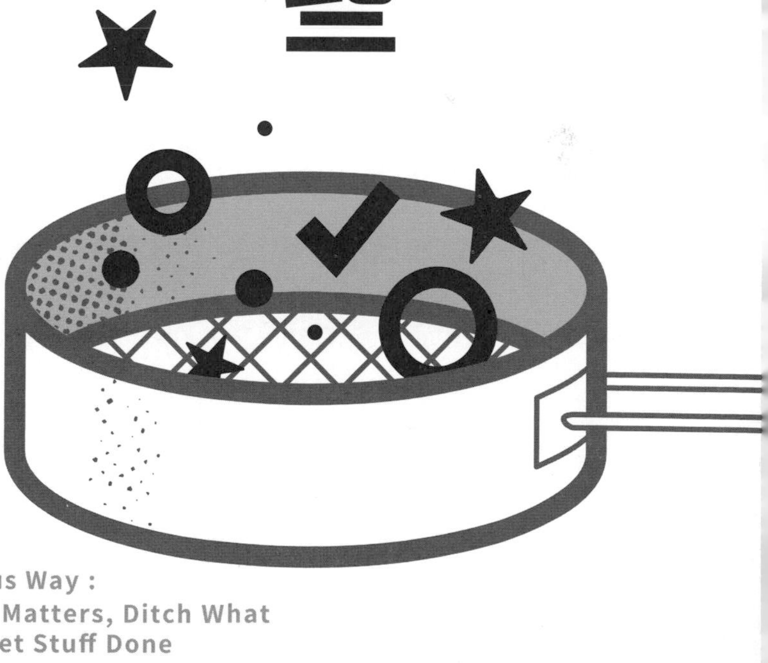

The Lazy Genius Way：
Embrace What Matters, Ditch What Doesn't, and Get Stuff Done

# 目錄


各界讚譽 004
推薦序——艾蜜莉．弗利曼 009
自序（請不要跳過） 013
如何像懶惰天才一樣思考 020
懶惰天才守則一
一次決定好 034
懶惰天才守則二
從小處著手 054
懶惰天才守則三
問神奇的問題 068
懶惰天才守則四
順著季節生活 082
懶惰天才守則五
訂立適當的常規 098
懶惰天才守則六
建立家規 115
懶惰天才守則七
物歸原位 131
懶惰天才守則八
讓別人走進你的生活 144
懶惰天才守則九
集中處理 164

懶惰天才守則十 精準化 187
懶惰天才守則十一 以正確順序做事 203
懶惰天才守則十二 安排休息時間 221
懶惰天才守則十三 善待自己 238
如何像懶惰天才一樣生活 255
謝誌 273
注釋 278

# 各界讚譽

「康卓拉・阿達奇用機智、幽默又務實的筆調所勾勒的懶惰天才法，能夠搞定事情又不會讓人在過程中失去自我。讀完這本書之後你不但會重新看待生活，也可以更加盡情地展現自己。若是能過著有意義又有成就感的人生，同時還可以做自己的話，沒有比這更棒的事了。」

——布莉・麥考伊（Bri McKoy）／《來吃吧！》（*Come & Eat*）作者

「這個世界不斷叫囂著要大家多做一點、做得再完美一點，《丟掉你的那些無關緊要》快馬加鞭趕來拯救各位了。康卓拉輕輕牽起我們的手，引導我們去體悟不必凡事都要做到最好的道理。我們可以學著享受自己所熱愛的事情，即使做著不喜歡的事情也依然能快樂地成長茁壯。」

——潔西卡・湯普森（Jessica Thompson）／全國性講者以及《給他們恩典》（*Give Them Grace*）共同作者

「這本平易近人又實用的書讀起來，就好像和一位又酷又聰明的姊妹相處了一個下午，她讓你對生活又重新充滿了希望。康卓拉容許你去在乎你真正重視的事情，對不重要的事情懶惰處之，完全不必有一絲的羞愧或罪惡感。真希望我二十年前就有這本書可讀！」

——莎拉・貝西（Sarah Bessey）／《奇蹟與其他通情達理之事》（*Miracles and Other Reasonable Things*）作者

「康卓拉用極為神聖的態度看待世俗與務實之事。說實在的，她不費吹灰之力就完成了教育、啟發和活絡氣氛的任務，真是叫人生氣，不過這個世界就需要這種作風。她的想法最能撫慰我的心。」

——克諾斯・麥考伊（Knox McCoy）／《重新審視》（*All Things Reconsidered*）作者

「你以前也許學過懶惰成不了大器的道理，現在準備讓康卓拉徹底顛覆你的思維與人生吧！以下有雷：懶惰其實是功能強大的工具，可以讓你盡情在應對真正重要的事情時當個天才。真希望二十年前就有這本書可以打開我的眼界。」

——麥奎琳・史密斯（Myquillyn Smith）／《華爾街日報》（*Wall Street Journal*）暢銷書《愜意的極簡派家庭》（*Cozy Minimalist Home*）作者

「《丟掉你的那些無關緊要》是營造一個豐富又輕鬆的居家生活良方。康卓拉建議利用對症下藥的常規來取代嚴謹的規定，讀者可因此安下心來，做好準備適應家庭生活與個人成長的變化節奏。另外，她也是簡單生活的專家。」

——吉娜・史密斯（Gina Smith）和山姆・史密斯（S. D. Smith）／

《綠色的餘燼》（*The Green Ember*）系列小說作者

「《丟掉你的那些無關緊要》是一本眾所期待的成年生活指南，康卓拉・阿達奇有喜劇《公園與遊憩》（*Parks and Recreation*）主人翁萊斯莉・諾普（Leslie Knope）的親切務實，有歌手碧昂絲（Beyoncé）的犀利，又有《哈利波特》（*Harry Potter*）女主角妙麗（Hermione Granger）的魅力，同時她也是我們會愛戴一輩子的領袖人物。只要以最重要的事情為依歸，日常生活就會頓時變得更容易應付。康卓拉用她兼具風趣與智慧的招牌口吻來鋪陳這本書，讀來更是樂趣無窮。」

——山南・馬汀（Shannan Martin）／

《尋常之地》（*The Ministry of Ordinary Places*）和《自由落體》（*Falling Free*）作者

「身為《懶惰天才Podcast》（*The Lazy Genius Podcast*）節目的長期粉絲，這本書的出版讓我雀躍不已。康卓拉有一種天賦，她提出的問題能幫助你優先處理生活中真正重要的層面，並且放棄不重要的事情。她不說教，也不給壓力；她提出問題，然後激勵大家。她也承認，要應付整理家務、計劃三餐、招待親友、建立和維持佳節傳統等看似綿延不盡的需求，同時又要找出時間做自己的工作並照顧好自己並不容易，不過康卓拉的方法可以讓大家更容易做到！」

——珍娜．費舍（Jenna Fischer）／《演員的生活》（*The Actor's Life*）作者暨《上班女郎》（*Office Ladies*）Podcast共同主持人

「《丟掉你的那些無關緊要》是一本好玩又有趣、溫馨又睿智的書，沒想到一套重整人生的方法讀起來這麼有意思。」

——安．伯格（Anne Bogel）／《別想太多》（*Don't Overthink It*）作者和《現代達西太太》（*Modern Mrs. Darcy*）部落格版主

「《丟掉你的那些無關緊要》讓我重新檢討過我現有的最佳做法。讀完這本書之後，我在做決定時頭腦變得更清晰。」

——蘿拉．特里梅（Laura Tremaine）／《十件你該知道的事情》（*10 Things to Tell You*）Podcast主持人

「我認識康卓拉好幾年了，她是我見過最親切、最好玩的人，除此之外，她也十分務實，知道如何把事情搞定，是朋友會求助的對象。如果你需要一個朋友指使你運用最理想的做法，請拿起這本書，讓康卓拉來做這件事吧。康卓拉針對許多主題分享了她的智慧，比方說交朋友、清潔廚房等等，她會鼓勵你行動，去做重要的事情，拋開其他不重要的事情。」

——蒂許・奧森瑞德（Tsh Oxenreider）／《環遊世界我們這一家》（*At Home in the World*）和《影子和光線》（*Shadow & Light*）作者

「以我家來講，我一直都奉行懶惰派做法，而這種做法衍生的結果也不令人意外——垃圾桶塞滿包裝盒，洗衣機裡的衣物也發出霉味，混亂的狀況更是一大堆。但是康卓拉・阿達奇提出更好的辦法，她的懶惰天才法並不是要你變成美食大廚或用牙刷去刷護壁板，而是一個折衷的途徑。她用一些簡單的步驟讓你快速在清單上做好記號，又不會犧牲掉你的空間時間。康卓拉幫助我們挪出空間把該做的差事辦好，又有時間看電視；讓我們有時間去解決問題，還能瀏覽Instagram。懶惰天才法是最完美的途徑。」

——傑米・高登（Jamie Golden）／《和納克斯與傑米一起「播」客》（*The Popcast with Knox and Jamie*）共同主持人

# 推薦序

艾蜜莉．弗利曼（Emily P. Freeman）／
《下一件正確的事》（*The Next Right Thing*）作者

人生的某些時刻由於具有重大意義，比方說婚禮、生產、畢業和求婚等等，因而在我們的記憶中鑿出深刻的痕跡。又有一些時刻，它們牽動著喜悅、震驚、熱情或悲痛之類的深層情緒，所以會一直駐留在歲月當中。然而話說回來，人生大部分的風景還是你平常所過的那些普通生活，這種生活往往在日後回顧時會勾起感激之情，並非因為這些尋常日子有多特別的意義，而是因為它們能一點一滴慢慢勾勒出你人生的輪廓。

二〇〇八年春天，我和外子約翰（John）正在打包全部的家當，準備遷居到小鎮另外一頭的一棟房子。約翰在本地教堂的新工作做了大概快一年時間，家裡有三個四歲以下的小蘿蔔頭，現在又加上了搬家過程中一定會有的壓力，彷彿我們生活的每一個層面都陷入了混亂或變動的狀態，因此過去這幾個星期以來，我一直希望不管是混亂也好、變動也罷，都能盡快終結。

只差幾天，一切就能告一段落了，所有家具都已經在新家安置好了，不過舊家還剩幾樣東西需要打包，包括冰箱裡的調味料、料理檯上成堆的垃圾郵件、飯廳裡有一些蓋子不見的塑膠容器，另外廚房還有幾個抽屜塞滿東西尚未收拾，譬如廚房用不到的辦公用品、纏在一起的電線，和一些搞不清楚是什麼器具的殘餘零件。如此看來，我們顯然得帶著「全部」的家當搬家，而非只帶著喜歡的東西去新家。我差不多已經做好心理準備要點把火將剩下的東西全燒了，這樣就不必打包和拆封這些雜物了。不過我沒有這麼做，而是拿起電話打給朋友。

那時約翰在新家陪孩子們，我的朋友來舊家幫我清空那幾樣零散的物品，把最後一趟的物品全搬上我的車。你如果稍微花一點時間特別留意的話，大概會發現這個請求已快讓我無地自容。我跟這位朋友認識才差不多一年的時間，請她過來吃晚餐我都不好意思開口了，更何況請她來幫我將家裡那堆生活廢物從舊家搬到新家。這樣一來，我家顯而易見的凌亂不堪，還有那些明明多餘卻被我抓在手裡不放的垃圾，都會盡收她眼底。更不用說，我那被消磨殆盡、黯淡無光又快要崩潰的自尊心，她也會看到。

不過她還是來了。我倆默默一起合作，把缺了蓋子的塑膠容器拿來裝亂七八糟的小工具、冷凍庫裡的東西和燈泡，然後拿到院子裡搬上我們的車。我記得她不等我下指示便逕自動起手來，這讓我如釋重負（說真的，那個當下我的指令大概會是指著院子，並遞給她一根火柴）。她看到需要處理的地方就立刻去做，沒有任何一句評論，幫我整理好最後一批讓我覺得難為情的雜物，搞定了一切。那天說起來最讓我印象深刻的，便是她貼心的沉默和她當時在現場的模樣。

如果你還想不到，我來公布答案：這位朋友就是康卓拉．阿達奇。雖然那次搬家是十多年前的事，那天下午我倆之間也沒有特別深刻的對話或一般而言的重大意義時刻，可是我卻經常回憶起那天的情景，甚至現在一想到便熱淚盈眶。這是因為我在面對搬家這件事時，表現得像個努力過頭的傻瓜，而非用「懶惰天才」（Lazy Genius）的方法去處理。換言之，我做事用錯方法又用錯順序，對家裡那亂糟糟的情況和我人生的混亂感到丟臉。

康卓拉就不同了，她是善於建立機制把任務搞定的專家。這位大師從打包箱子乃至舉辦派對，都能以適當的理由為出發點，用正確的順序把正確的事情做好。雖說有一位願意幫忙搬家的朋友是我的福氣，而且又是一個我放心被看見狼狽模樣的朋友，但我忘不了那天情景的理由絕不僅止於此。我之所以對這段記憶銘記在心，是因為我覺得自己失敗至極的地方，正是她最「拿手」的強項，然而她還是現身挺我，用她的愛心來幫我，不對我有任何評斷。也就是說，她用她的愛挺身相助。

現在各位手上的《丟掉你的那些無關緊要》，正是這份愛的證據。也許你是因為需要一些指引，所以挑了這本書，想知道如何才能把事情處理好。康卓拉當然會幫你達成目標，但是一個再有效的機制，若是不能用善意去執行的話，也發揮不了效果。這便是本書最特別的恩典，也是我萬分感激康卓拉終於把這本書寫出來的原因。

《丟掉你的那些無關緊要》之所以有辦法改變你的生活方式，不只是因為書中實用的訣竅，而在於這些訣竅蘊含的精神。從清潔廚房的方法到如何開始一天的生活，無論面對哪個層面，做一個「懶惰天才」並非要你用「正確」的方法做事，而是希望你最終能找到「適合自己」的做法。因此，這本書不會告訴你空洞的金科玉律，害你羞愧至極，恨不得加把勁把事情做得更漂亮，而是鼓勵你先決定哪些事情對你而言最重要，並且允許你輕輕放下其他沒那麼要緊的事情。

我搬家至今已經十年，這十年來我和康卓拉共度了無數時光，有時候被她看到我最狼狽的模樣也不會讓我有一絲尷尬，這樣的轉變從她現身幫我的那一天就開始了。她明明有機會可以使喚我用更有效率的方式搬家，然而她當時保住了我的顏面，現在她自然也不會讓你難堪。我向康卓拉學到應對重要的事情時當個天才，不重要的事情則懶惰一點無妨。在你放棄自己、或想放任混亂引誘你把整棟房子燒掉之前，暫且離火柴棒遠一點，先讀讀這本平易近人、生活中必不可少的實用指南吧！

# 自序一

（希望各位別跳過）

我不是一個很會玩的媽媽。更確切來說，我當然會玩，只是我個人不太喜歡重複兩萬次推倒一堆積木的遊戲，就算我的孩子們會因此開心得不得了。*

幸好我丈夫是個很愛玩的老爸。還記得幾年前的夏天，我們在海邊度假，他簡直是我們的神。這位爸爸在沙灘上挖了一個巨大無比的洞，這個洞深到你得在洞口傾身向前才能看到它的底部。那時，他拿出那股嘉年華會表演者才有的熱情，帶著三個孩子來來回回從海裡裝了一桶又一桶的水，用最快的速度提回來倒進這個大洞。

他們四個不厭其煩，一次又一次的提水又倒水、提水又倒水。

但是那個洞始終填不滿。

每一滴水都滲進沙子裡，彷彿在嘲笑他們的努力。不過我家可愛的小怪物們覺得這樣很好

* 順帶一提，我有三個孩子：山姆（Sam）就讀小學四年級，很迷「麥塊」（Minecraft）。班（Ben）小學二年級，超級愛畫「蒙娜莉莎」（Mona Lisa），安妮（Annie）還沒上小學，她最黏我。

玩，便一直玩這個提水倒水的遊戲很久很久。確實是個好玩的遊戲，直到他們對一群凶猛的海鷗更感興趣為止。

孩子們跑去追那些海鷗，我看著被拋下的桶子圍在那空空的洞口旁，這才體悟到眼前這幅畫面看起來像極了我的人生——說不定也是你的。

這正是女人的寫照。*我們在沙灘上挑好自己的位置準備挖洞，並且觀察一下周遭女性是否也選擇了類似的地點（或「更好」的地點，這就有點讓人心慌），然後盡量別因為她們充滿母愛、耐心十足的模樣，再加上可以穿比基尼的好身材而分神。我們開始挖洞，希望這個洞挖得夠深，而且挖對方向。這個洞到底會通往何處？完全沒概念，但這一點也不重要，因為大家都在挖，所以我們也要挖。

最後，終於到了提水填洞的時候了。我們提著一桶又一桶的「水」，而這些水象徵的是標了各種顏色的行事曆、志工媽媽的各種任務、三餐計畫以及工作與生活的平衡。我們提水、倒水、流著汗水，然後眼睜睜看著那個洞依然空空如也。

這時，我們茫然了。

**其他人知道為什麼會這樣嗎？我的洞是不是也太深了？倒進去的水都跑去哪裡了？**

我們停下來喘口氣，心裡納悶著別人是不是也覺得自己太失敗了。其實一個人要同時顧到家裡的整潔，工作又要有成就感，家庭隨時都能配合，社交生活還很活躍，一週又可以慢跑個二十四公里，這是不可能的事情，對不對？

面對這個令人無言以對的問題，我們心中早已有了定見：**不對，只有我不行而已，我應該振作一點才對**。為此，我們緊接著雷厲風行地追蹤自己的習慣出了什麼問題，檢查行事曆哪裡排得不夠好，跳進網路的兔子洞裡設法找出提升自己的方法，直到我們最後因為情緒耗竭或腎上腺疲勞而頹然倒下，或乾脆放棄一切走回沙灘小屋，抱著充滿羞愧的心情喝一杯瑪格麗特。

一起乾杯？

## 疲憊不堪的根本原因

你之所以精疲力竭，不是因為洗好的衣服在沙發上占去的空間比人還多，也不是因為家人好像沒把你的工作截止期限當一回事，更不是因為小孩學校的午餐規定「葡萄必須分成四等分」的緣故。要做的事情多如牛毛，但你很清楚不該只怪罪那些待辦事項。

你隨時隨地都在「開機」模式：設法陪伴你的親朋好友，應付身邊每一個人的情緒，接應那些在郵局裡大排長龍的陌生人的隱性需求，還要琢磨著如何用你僅剩的東西來滿足自身需求——假設你一開始就知道自己有什麼需求的話。

---

* 親愛的讀者，假如你是男人，不妨從中了解一下女人為什麼常常怪裡怪氣，也感受一下女性因為所處文化而承受的壓力，也要謝謝你願意讀這本我厚著臉皮總是使用女性代名詞的書。

這真是讓人吃不消，或者也許可以說，因為你沒有讀對書，沒有聽對Podcast節目，或沒有找到對的機制，所以才會有此感受。

這種感覺我懂。我曾經花了多到自己都覺得尷尬的時間去尋找適當的工具，想讓生活能夠掌握在自己的手中，那一大堆被我丟掉的計畫表以及畫了很多重點的自我成長書籍可以證明以上屬實。以下有雷，但看了也無傷大雅：這些工具全都沒用！

某方面來說，我覺得自己應該以那些成長書籍作者的人生為楷模才對，雖然我本人實在不愛早早就寢，也不喜歡一年要跑二十個城市在各種活動上演講。

從另一方面來看呢？還是順著你的夢想走吧，女孩們！顯然我的待辦事項不是癥結點，我那些小心思才是問題。

無論如何，我還是畫了數十段的重點，試圖像馬蓋先（MacGyver）一樣拼湊出某種適用於我的計畫。說不定一些生活小撇步再加上深具啟發的至理名言，能搭配出有效的組合，防止我三更半夜心煩意亂到睡不著。然而，我看過一本又一本的成長書籍，讀過一則又一則的至理名言，也制訂了一個又一個的計畫，結果我依然疲憊不堪。也許你也是因為有相同的感覺，所以現在才會讀這本書。

我有一個好消息要跟你分享：其實你不需要再羅列新的待辦事項，**你需要的是新視角**。

## 簡化為什麼不管用

不勝負荷的感覺出現時，最常見的解決方法就是「簡化」。做少一點，擁有少一點，少上Instagram。減少你的投入，外包給別人，勇敢說不。但回過頭來又多花了心思在社區裡、參加讀書會，以及種植祖傳番茄，甚至自己做副食品，把副業經營得有聲有色，如果希望婚姻長長久久，也要定期跟配偶來個約會之夜。這種簡單你覺得如何？以我的經驗來講，婚姻、娛樂和園藝絕對不是簡單的事。

對基督徒來說，簡單生活的概念說起來頗讓人覺得混亂。耶穌無家可歸，他有十二個朋友，飲食和住宿皆仰賴他人的善心。他的人生只專注於單一目標，其他的一切都簡單明瞭。然而稍微深入研究聖經便可以發現，箴言三十一章所提到的（一直被誤解的）英勇女性，天還沒亮就起床，為家人縫製床單，栽種葡萄，而且她們的臂膀很強壯。

誰能行行好告訴我，我究竟該重視哪些事情，才能過好自己的生活？

簡化之所以不等於簡單的原因就在於此，沒有哪一位可以告訴我們該怎麼過生活。就好比聖經裡提到了「愛神和愛人」，但這句話的實際體現方式也會有千百萬種。

我們需要一種篩選機制，這樣才能打造一個我們可以專心做重要事情的生活，而不是把心思放在別人覺得「應該」很重要的東西上。

朋友們，歡迎踏上這條懶惰天才之道。

## 如何讀這本書

這句新箴言送給各位：應對你重視的事情時當個天才，不重要的事情則懶惰一點。

人的需求和優先重點會隨著生活條件的轉變而跟著改變。本書實用的參考功能，可以適用於各種轉變，提供你語言和各種工具為重要的事情挪出空間。

接下來的每一章會特別介紹一項懶惰天才守則以及相關的概念，讓你能夠立即實施。每一項守則皆可發揮明顯具體的成效，不過當你將各項守則應用於日常生活中時，會發現這些守則彼此搭配運作，塑造出一種充滿個人風格的做法，不但能解決你的癥結點，也有助於揪出那些不是很重要的問題。

各位可以快速掃過介紹具體步驟和實用清單的段落，要是你時間充足的話，不妨在你開闢空間活出最真實自我的過程當中，更深入地閱讀。我鼓勵各位，只要你在例行活動中遇到瓶頸、事情變調或忙到天昏地暗的時候，就拿起這本書讀一讀。

不管是洗衣服、做完各種家事，還是準備晚餐上桌，你都會從書裡學到更好的做法。很棒吧！不過本書除了實用之外，也會讓你學習接納一個「兼容」的人生，在這樣的人生當中，成就與掙扎、活力充沛與精疲力竭、井然有序的家和隨隨便便的三餐都能並存，因為這些點點滴滴都來

> 這句新箴言送給各位：應對你重視的事情時當個天才，不重要的事情則懶惰一點。

自於你，所以都具有非凡的意義。

是陪伴小小孩的家庭主婦也好，是渴望在職場扶搖直上的職業婦女也罷，無論你孤單、忙碌還是百般無聊，這本書都能幫你抓出人生的重點，助你拋開不重要的事情，讓你以懶惰天才之姿營造一個兼具生產力和寧靜的人生。

現在就讓我們開始吧！

不管是洗衣服、做完各種家事，還是準備晚餐上桌，你都會從書裡學到更好的做法。很棒吧！不過本書除了實用之外，也會讓你學習接納一個「兼容」的人生，在這樣的人生當中，成就與掙扎、活力充沛與精疲力竭、井然有序的家和隨隨便便的三餐都能並存，因為這些點點滴滴都來自於你，所以都具有非凡的意義。

# 如何像懶惰天才一樣思考

我大學畢業後的第一份工作，就是在我高中時期常去的那間教堂做事，而且工作前的幾個月，我也在那間教堂結婚。很多同事在我年紀還小、還不能開車之前就已經認識我，但如今我已然長大成人，步入了婚姻，也走進了職場。

當時的我，急著想證明我屬於教堂的一分子。

教堂每個月會舉辦一次例行的晨間工作會議，同事們輪流提供早餐給大家吃，而大部分的早餐內容都是雜貨店裡買來的瑪芬蛋糕和水果沙拉，我還記得自己當時心裡是這樣想的：**我提供的早餐一定更棒。**

我終於報名參加提供早餐的任務，但並非出於好意，而是因為我希望**我**供應的早餐能夠成為典範。是啊，我把自己這種傲慢的心態和盤托出的時候，覺得丟臉而尷尬不已，不過既然我是一個優越的完美主義者，自然很愛算自己得了幾分，凡事都要成功，總想讓別人佩服我。在這個過程當中，比來比去和品頭論足很正常。*

大多數同事會找搭檔一起準備早餐，但是各位女士，很抱歉，這不是我的作風。我打算獨撐大局，因為我認為開口求援的人太弱了，一點也不讓人佩服。外表自信但有顆玻璃心的人往往喜歡唱獨腳戲。

顯然不光是食物，我的標準是凡事皆要完美。我們夫妻倆即使口袋不深，我還是捨得砸大錢

---

* 我十幾歲的時候要是可以更酷一點的話，大概會覺得參加派對根本不好玩。

從高級家居連鎖店Pottery Barn買了幾個大盤子擺我提供的早餐，這樣早餐才會顯得精美。我還添購了亞麻布桌巾，畢竟新買的大盤子若是放在教堂用的那些塑膠桌布上會遜色不少。有一種附有出水龍頭的玻璃飲料罐，通常會出現在《南方生活》（*Southern Living*）雜誌之類的居家刊物裡，這種容器我也下手購入了，因為用塑膠桶裝飲料就跟完美沾不上邊了。另外我還準備了新鮮的花朵、精緻的餐巾紙——我想你懂我的概念。

至於菜單的部分，我想起幾個星期前我們在朋友家吃早餐，他做的夾餡法式吐司美味到讓大家驚呆了，那種軟綿綿的口感、黃澄澄的色澤，絕對可以叫它第一名早餐。夾餡法式吐司就是我的萬中之選。

不過重點來了：我不會做夾餡法式吐司。像樣的義大利麵醬我還煮得出來，幾近完美的巧克力片餅乾我也剛做成功了，但我的廚藝並非十項全能。如果我當時照著食譜去做法式吐司的話，也許結局會不一樣吧！

唉，偏偏當時的我覺得依賴食譜也是一件很弱的事。就這樣，我開始著手製作兩種口味（對，是兩種不是一種）、三十人份的夾餡法式吐司，而且完全憑感覺做。

請先容我快速講解一下夾餡法式吐司的做法，讓各位有個概念。其實做法就像製作三明治一樣，只不過吐司沾滿了濃郁的奶油，而吐司與吐司之間可以夾上乳酪、塗上果醬或能多益（Nutella）巧克力榛果醬等美味抹醬，然後把整個三明治浸泡在由蛋、糖和全脂牛奶做成的卡士達基底中，再以奶油熱鍋把三明治煎到吐司變得鬆脆金黃即可。最後淋上糖漿或灑上糖粉，用叉子或蛋糕鏟把法式吐司送進嘴裡，那種滋味真是銷魂啊！

現在請聽我娓娓道來當時我是怎麼做夾餡法式吐司的。以第一種口味的夾餡法式吐司來講，我採用的是Wonder品牌的吐司夾美國乳酪，整份三明治在烤盤上堆得高高的——真的是一層疊一層。第一種製作完畢。

至於第二種口味，我做了奶油乳酪加覆盆子果醬三明治，同樣用美味至極的Wonder牌吐司，也同樣疊得高高的。

接著我把擺好三明治的鍋子放進烤箱，開始「烘烤」。

我的夾餡法式吐司沒用上蛋和奶油。基本上我烤的是頗為怪異的三明治，還自以為是瑪莎·史都華（Martha Stewart）。法式吐司烤好之後，我拿出來一看，發現怎麼好像跟朋友做的不太一樣（但說不定這是好事，因為我做得更棒？）然後我把這些法式吐司切成三角形，放在新買的精緻大盤子上。東施效顰不過如此。

一小時之後（我回想起情況就是在那時急轉直下，簡直想死），員工會議開始了。我坐在會議現場的後方，一門心思都拿去注意別的事情，沒有放在自己身上，並非因為不好意思，而是因為我不想讓同事看出來「我非常希望他們知道」這曠世美食是我的巨作。

我坐在桌邊，看著我那些朋友和同事排隊拿早餐，「謙虛」地等著他們給我排山倒海的讚美。

我想也用不著我來告訴各位，排山倒海的讚美並沒有發生。早餐吃起來太噁心了；不誇張，真的非常噁心。我可以感覺到一股失望的氣氛瀰漫在整個空間裡，也注意到大家的社交辭令尷尬又難為，他們試著要感謝做這些早餐的神祕主廚，但回過頭又趕緊吃些燕麥棒來填填肚子。

我差點因為這次的慘敗辭掉工作，雖然這種反應太戲劇化了些，但也算是人之常情吧。我簡直無地自容，本來想讓大家開開眼界，告訴所有人我可以面面俱到：把餐桌布置得十全十美，再做出完美的餐點，最後以十足謙虛的姿態接受眾人的恭維。結果到頭來，我可能害別人食物中毒。**我太執著於不對的事。**

我要特別澄清，執著於不重要之事**絕非**懶惰天才的思維。

## 太過努力

當你很在乎某件事的時候，會努力把它做好。但是當你在乎每一件事的時候，什麼都會做不好，這反而迫使你更努力，疲憊不堪就是這麼來的。

如果你屬於後者這種事事都在乎的那一派，那麼你為了要成為一個最完美的人所付出的努力恐怕永遠都嫌不夠，就和我一樣。理智上來說，我們明明知道自己沒辦法面面俱到，但依然努力去做。我過去十年來的人生，除了不斷自我反省之外，也做了很多治療，就是為了找出我為何會覺得把每件事情都做到完美才是人生正解。

每個人都有自己的故事，而我的故事則跟虐待有關（說得這麼直接確實有些唐突，相信各位現在也知道我會馬上切入重點、談得很深）。我父親和我的家庭生活說變就變、難以捉摸，所以我從小就知道我做的選擇會牽涉到自己的安全問題。如果我乖一點，拿到好成績，把房間維持得整齊乾淨，就不會惹父親生氣。我一直都以自身行為會直接影響父親作為的信念在過日子，雖然實際上未必如此。安全在我看來等同於自身價值與被愛，導致我將自己的選擇視為衡量個人價值的唯一標準。也就是說，我認為我必須當一個完美的女兒、學生和朋友，才能凸顯我的重要性。

這就是完美最諷刺的地方，它設下的牆讓別人看不見你的脆弱，但也阻擋別人認識真正的你。

我很努力要做到好，但父親還是一再告誡我怎麼做才能更好。我記得小時候經常覺得自己一無是處，不明白他為什麼覺得我的頭髮應該要是金色比較好而不是棕色，不明白為什麼我的成績一路拿A也是應該的，不必特別嘉許我，又或者不明白為什麼父母親過得這麼不幸福。我自然會覺得問題出在我身上，以為是我不夠努力或不夠完美，所以家庭才會不美滿。這種老覺得自己不足的感覺壓得我喘不過氣來，也滲透到我的人際關係之中。

我是每一位老師最得寵的學生。我可以很快就把作業寫完，而且寫得又好又正確。我是最可靠的小組長和班長，各科考試幾乎都拿滿分。世上沒有完美的學生，但我離完美真的很接近，也以為當個好學生可以讓我被愛。

我也努力做一個最完美的朋友。我不搗蛋，有什麼心事就自己承擔，跟任何朋友來往都可以配合他們，就像變色龍一樣。沒人知道父母離婚讓我覺得很丟臉，沒人知道我超想變美，也沒人知道我是一個來自破碎家庭的錯誤。我以為讓別人看到我殘缺不堪的那一面，會危害到我跟別人的友情，其實我不必這樣想。

這就是完美最諷刺的地方，它設下的牆讓別人看不見你的脆弱，但也阻擋別人認識真正的你。我認為真正的自我不夠好，所以一直努力隱身在完美的表象之後。或許你也跟我一樣。

我並不是要介入你的私事，但你應該有一些讓你覺得羞愧、恐懼或沒安全感的事情，還花了不少心思試圖加以隱藏。大家都會這麼做，因為這是人性，這些事也未必會像兒時受虐一樣充滿陰影。不管是什麼樣的故事，都有它的意義，但別忘了，故事裡往往也會夾雜著謊言，那是我們為自己製造的假象。無論是你或我，還是在目標百貨（Target）遇到的那位漂亮的陌生人，都各有各的故事，這些故事致使我們一直在不對的事情上努力，而我們愈是努力，故事裡的謊言就變得愈強大。

你很吵，占用太多空間了。
你比不上你姊姊。
你太像你爸了。
你腦袋不夠聰明、臉蛋不夠漂亮、身材不夠健美。

她會離開都是你害的。

那些丟臉的想法和感覺並沒有隨著你年齡增長而消散，它們只是換了一個形體。

你廚藝不太行。

你怎麼可以不想生小孩。

你工作太多了。

你到現在都還沒結婚一定是哪裡有問題。

你讓孩子看電視，真是個差勁的媽媽。

沒人想跟你做朋友。

努力讓自己受人矚目，努力隱藏自我，又或者努力對抗那股一直騷擾你內心的羞恥感，這些努力所耗掉的精力不是你可以承受的。如果再加上洗衣服和接送小孩共乘？天啊，真的別鬧了！

要是「努力」辜負了你，你恐怕只剩下一個選擇，那就是放棄。

## 不夠努力

教堂的早餐災難事件發生後沒多久，我就棄械投降了。不想再努力受人矚目，也什麼都不想在乎，但是這樣想又太過頭了。我騙自己人生只有兩種選項，如果不努力到底，就乾脆不要努力。我忘了努力本身並非癥結點，能為真正重要的事情努力明明是美好的事，然而我卻死守著這矯枉過正的觀念不放。

雖然為喜歡的人下廚、以此寵愛他們，往往是我最大的喜悅，但因為我覺得親自做菜是一件努力過頭的事情，所以當朋友來訪時，我就乾脆點披薩給大家吃。雖然一個平靜又整潔的家比較適合我這個腦容量有限的人，但因為我覺得打掃家裡是一件努力過頭的事情，所以乾脆放任家裡亂七八糟好了。

我什麼也不想在乎，也什麼都不想努力，但莫名的是，我「依舊」覺得疲憊不堪。

那時我還不明白，原來什麼都不去努力和努力太多一樣，都是很消耗的事情。操控一個對諸事漠不關心的生存模式所耗費的能量，就跟顧及一切規則、追求完美是一樣的。無論如何，我還是投入了「蓬頭垢面也不在乎」的哲學，把我其實還是很在乎的那種心境隱藏起來。我一下子執著於不對的事，一下子又表現得全然不在乎，我需要某種東西來停止這瘋狂的擺盪。

> 你不必完美，也不必放棄，
> 你只要做「自己」就好。

所幸「懶惰天才法」的神奇能力便在於此。你有權利去在乎，你有權利認識自己、做自己，而且是真實的自己。你不必完美，也不必放棄，你只要做「自己」就好。

別再為不重要的事費心努力，但也別害怕為重要的事情努力付出。因為這**真的很重要**。

## 不是只有煎熬掙扎這件事是真的

我們的文化熱愛展現真實面貌，但往往用錯誤的標準來衡量。

我在打出這段文字的時候，正巧我家老二得了腸胃型感冒在家休息，我因為已經厭煩跟他們講話了，所以他和妹妹就跑去看電視。我好幾天沒洗澡，又跟丈夫吵架，如果我把這些事情上傳到Instagram跟大家分享的話，你可能會想：**我真喜歡她這種真實的樣子。**

但如果我分享的是這一天來我和孩子們在戶外踢足球，晚餐在下午四點準備妥當，我還化了妝的時光呢？這樣的我依然真實嗎？

當然，這也是真實的我，而你也是。

我完全贊成揚棄完美主義，但大家又莫名把井然有序跟矯揉造作劃上等號，我自己也有這種習性。我看到美美的媽媽推著購物車載著她乖巧的孩子，和一堆喬安娜．蓋恩斯（Joanna Gaines）原價商品進出目標百貨時，心裡會想：當然囉，她的肚子平坦沒小腹，她的孩子一定不吃培珀莉

（Pepperidge）小金魚香脆餅，而是吃小黃瓜，她也會買我想買的那些東西，不過她大概有飲食失調症吧，說不定還背卡債，所以我沒關係。*

我不想再去評斷那些看起來處變不驚的女人，不想老在假設她們一定藏有什麼不為人知的祕密。我不想再把混亂當作是脆弱唯一的象徵。

> 我完全贊成揚棄完美主義，但大家又莫名把井然有序跟矯揉造作劃上等號。

你的掙扎和沒安全感不必跟我的相提並論。我們應該要做的是別再試圖去「揭露彼此的真實面貌」，這樣的生活才是你我精疲力竭的原因，放手沒關係。

所以說，下次當你發現自己對著那些看似完美無瑕的人們挑毛病，以為這樣可以讓自己好過一點時，請立刻停下來。一直催眠自己你比任何人棒，就跟告訴自己你是最差勁的人一樣有害。我們不必用一個人掙扎的真實性來判定她的真偽，這種衡量標準有失公允。

倒不如這樣做：無論你家現在亂七八糟還是窗明几淨，都可以請別人過來坐坐。當個很棒的媽媽，但偶爾吼吼小孩也沒關係。盡情享用你的綠冰沙，不必發誓要永遠戒掉甜食。

人生有條不紊時的你，人生分崩離析時的你，都是真實的你。這兩種面向的人生都很美麗。

## 應對重要的事情時當個天才

我也許不認識各位，但有一點我很清楚：你希望過著充滿意義的人生。所有人都這樣想，這是身而為人一定會有的念頭，再加上我們身處在這個講求快速解決和抄捷徑的文化之中，自然會以為「簡單」就是我們的目標，但有意義的人生不能抄捷徑。

你不能選擇在各方面都當天才，也不能選擇全都懶惰待之；你應該做個「懶惰天才」。

幾年前，我在《懶惰天才Podcast》節目上做了一集關於烘焙麵包的討論，播出後收到好幾十則「做麵包聽起來一點也不懶惰」的留言。做麵包當然不是一件可以懶惰的事情，因為手作麵包對我而言「十分重要」。用手攪拌和揉捏麵團，花一個下午的時間看麵團發酵，投入這場數百年來已經是人類生活中不可或缺的活動……我怎麼會想在這種事情上抄捷徑？但如果手作麵包對你來說並不重要，選擇就很簡單，儘管用最快速的方法來解決麵包這件事，讓自己過個美好的一天。

懶惰天才守則不但會幫助你找出哪些事情需要抄捷徑，也會告訴你如何打造捷徑。透過這十三個守則，你可以學會如何挖掘重要的事情，並且在生活中開闢一些空間，讓這些重點領域有機會成長。

---

* 如果這本書可以附上GIF動畫功能的話，演員珍妮佛・勞倫斯（Jennifer Lawrence）現在一定正用力對我翻白眼。

請切記，千萬別在什麼事情上都想當個天才，或乾脆全都懶惰待之，你應當有所選擇。如果不先篩選哪些事情需要拋下、哪些事情應該繼續推展，就逕自投入所有優先事項的話，我們終究會站在無論哪條路都讓人疲憊不堪的十字路口：一條路執著於每一件事，另一條路放棄一切、什麼都不在乎。

懶惰天才之道有別於這兩種路徑，它的箴言是「應對重要的事情時當個天才，不重要的事情則懶惰一點」。

你有權利放手、疑惑和慢慢來，也有權利去渴望、拚命努力和堅持到底。無論你的選擇是什麼，一定要把心思放在你覺得重要的事情上，而不是Instagram、你的繼母或那個在腦海裡說你不夠好的聲音認為重要的事情。

所有的選擇都重要，因為每一個選擇對某個人來說都有它的意義，但只要保留「你」覺得重要的選擇就好。當你以獨特、出色又強大之姿活著，懂得把握重要事項、拋開不重要的東西時，就能啟發你生命中的其他女性，讓她們也能效法你的作為。

我很高興我們一起同心協力。

▼**本章重點**

- 凡事面面俱到可以把你的自我藏得很安全，但也會讓別人無法認識真正的你。
- 井然有序未必是矯情，混亂也不一定是就是脆弱。
- 應對重要的事情時當個天才，不重要的事情則懶惰一點。
- 第一次做夾餡法式土司時請使用食譜。

**——跨出一小步——**

逛目標百貨的時候，給那位漂亮的陌生人一個微笑，別去評斷她，也別評斷你自己。我們都知道你今天會去目標百貨，給自己機會試試看。

接著就來看看第一個守則吧！

— 懶惰天才守則一 —

# 一次決定好

我無意用這種陳述搞創新，但我以前常常一到週一就覺得討厭。有時候我會用「該來的總是會來」的懶惰態度面對週一，結果當身邊真的發生狀況時，我只好對著我那杯冷掉的咖啡尖叫。

偶爾我會以果決天才之姿來處理週一，比方說前一晚我會發狂似地振筆疾書，弄好最新計畫表，把接下來這週我要做的每一餐、我要喝的每一杯水、我要執行的每一項差事、我每小時要背誦的聖經經文，全都安排妥當，只是基本上從來沒貫徹到底過。

懶惰週一行不通，因為我不知道該做些什麼才好；天才週一也沒效果，因為我為自己安排了太多事情。*

後來，我用第一個守則「一次決定好」，對週一（以及其他的難題）施展了懶惰天才法。

## 讓大腦休息最簡單的做法

這方面的研究十分多元，恐怕也很難具體說明，不過人要做的決定很多，真的非常多。你之所以沒有心力去做對你而言重要的事情，都是因為得無時無刻做決定。因此，只要利用一些機會一次就做好決定，你的大腦就有更多空間可以找樂子。

---

* 這兩種週一通常都和奧利奧餅乾（Oreos）脫不了關係。

你大概會以為事先做好決定是很機械化的行為，不過除非你對每件事都用機械化的態度看待，否則自動模式並不會讓你變成機器人。對不重要的事一次做好決定的話，大腦省下的空間就能用來做重要的事情，這便是懶惰天才法，你很快就能體驗到這種做法的好處。

## 如何用「一次決定好」對週一施展懶惰天才法

我討厭星期一製造的壓力，因為到了這一天所有的決定好像都歸零得重來。突然之間，我的家人沒有一個搞得清楚狀況，早餐晚餐分不清，就連上學該怎麼穿著也搞不定。這種搞不清楚狀況的感覺出現在輕鬆的週六還算不賴，但絕對不適合必須拿出生產力的週一。

既然週一這天不可能自行消失，那麼我就必須改變處理週一的方式，所以我決定先從穿著打扮著手。挑選要穿的衣服雖然只需要一點點思考的時間，但其實最終結論都一樣，因此我一次決定好週一要穿的「制服」，然後便不再更動。我向各位發誓，我已經維持三年每週一都穿同一套服裝。*

這個週一制服的決定馬上就讓我感受到它發揮的奇效，讓我忍不住想應用在其他事情上面。從我幾點起床、起床後要做的第一件事、當天晚餐要吃什麼等等，我都會視需求一次決定好，日後我也會根據當下的人生狀態繼續增加一次決定好的事項。

現在的我愛極了週一，因為那些已經固定下來的決定使我能夠優雅、快速地進入這一天的生活，並開啟美好的一週。一次決定好讓我有時間去做重要的事情，不必分心去處理所有非做不可的決定。這樣一來，我便有餘裕做我愛的工作、看書、聽音樂，當孩子們面對新一週的學校生活，我也能更有耐性地陪著他們進入狀況。

一次做好一個決定竟然能發揮如此大的影響力，聽起來真是不可置信，但這就是懶惰天才法少不了這個環節的原因。

## 早已有固定決定的地方

各位或許一直都沒發現，你的周遭環境其實早就有了許多固定下來的決定：

- **速食店價目表：**那些大型速食店一次決定好套餐內容並為套餐編上號碼，顧客點餐時只要說「二號餐，飲料來個健怡可樂」就輕鬆搞定了。
- **信箱裡的Netflix DVD：**Netflix原本的模式是這樣，顧客把感興趣的電影放在佇列中，Netflix就會把下一張DVD送到家，顧客不必再花心思決定接下來要看哪部電影。

---

* 我每週一固定穿全黑丹寧；天冷時穿黑色牛仔褲配格紋上衣，不冷不熱時就穿黑色T恤和牛仔褲，天熱時則穿黑色T恤和丹寧短褲。

- **教堂的禮拜儀式：**誦讀啟應文、聖餐禮和祝禱都是固定的決定，讓你週日早上做禮拜時能好好投入基督的故事。

送個驚喜給你：你擁有的每一樣東西其實都是固定決定。

一次做好決定對你來說不是問題，但除非你是為了自己，一次做好決定才能發揮妙用。

送個驚喜給你：你擁有的每一樣東西其實都是固定決定，比方說你在好市多（Costco）買了T恤、一套新筆或一加侖的橄欖油，當你決定購買這些用品時，也等於決定了你會使用、收納和關注這些東西。

話說回來，倘若你沒有貫徹這個決定，把T恤留在購物袋裡，把筆收進書桌抽屜裡不拿來用，或把那一加侖橄欖油放在儲藏室地板上，因為那桶油實在太重，你怕它壓垮層架，那麼你買這些東西也只是為自己的生活增加雜亂與雜訊，絕對享受不到從固定決定所衍生而來的輕鬆和餘裕。

更重要的是，請務必做「優質」的固定決定。所謂優質的固定決定是指真正能為生活增加附加價值，而非讓生活品質降低的決定。有目標地對每一件事一次決定好，無論是衣櫃裡的衣物配件，或是行事曆上的活動。帶有目標的單一決定能減輕大腦的負擔，讓你有空間可以盡情思索你覺得重要的事情，就不必活在不斷重複做決定的無限循環裡了。

可以一次決定好的事情無窮無盡，但你不需要無窮無盡。讀到本章的尾聲時，請放鬆你緊握著不放的三十七個決定，到了明天你就會忘掉其中三十六個。你只需要找到一個適用於現在的概念就好。

我們接著來探索幾個把一次決定好應用在生活中的範例。

## 一次決定好禮物

理論上，各位應該很喜歡送禮物這個概念。是啊，你有機會展現慷慨大方，用上最頂級的包裝紙。不過，送禮實際上是一件很痛苦的事。平日的待辦事項就做不完了，如果又多出了需要送禮物的情況，想到要處理的事情多了一樁，胸中大概會冒出一股憤慨。沒錯，有這種念頭是滿討厭的，但我們的內心深處其實並不怨恨送禮，我們怨恨的是沒有餘裕為送禮這件事好好花心思。

你可以對你周遭的人進行徹底全面的分析，鉅細靡遺地羅列他們的喜惡，並且製作一份試算表，將明年需要送禮物的各種日子場合都列出來，而且差不多到了四月就可以開始採買聖誕節禮物。女孩們，如果做這些事完全不會讓你有住在瘋狂小鎮上的感覺，儘管放手去做吧！

所幸，做個懶惰天才就簡單多了，以下是比較常見的送禮場合。

### ▼送給老師的禮物

各位如果有小孩，小孩基本上會有老師，那麼你現在想必經常煩惱送禮物給老師這件事。教師節、聖誕節以及學期末的最後一天，是送禮物給老師的三大日子。把三再乘以你家小孩的數目，很可觀吧！場面肯定一團亂，最後不是壓線送出星巴克禮物卡草草了事，不然就是想好好送個手工磨砂膏，卻根本擠不出時間製作。

大可不必如此，請一次決定好。現在就針對各個場合選出要送給每一位老師的禮物，譬如聖誕節的話我會送書。*至於教師節，我會送目標百貨的禮物卡。學期末最後一天的話，我會寫一封誠摯的感謝函給老師，也許還會附上我家孩子的畫作或感言。當然，請盡情挑選你想送的禮物，別受限於我提供的選項。

朋友們，我知道你有點忐忑，雖然一次決定好老師們的禮物是你聽過最棒的點子，但實際上做起來卻也會顯得你好像沒感情。別這麼想，事先刻意規劃好最佳的禮物，你就省去了煩惱和埋怨，也不必老是用目標百貨那些庫存的鋸齒圖案咖啡杯來打發了。

一次做好決定，打點好一切。

### ▼送給孩子朋友的生日禮物

每次收到生日派對的邀請函時，我都會問「我一定要跟嗎？」和「我們需要帶禮物嗎？」這兩個問題。

我會問要不要帶禮物這個問題，並非表示我和《小氣財神》(*A Christmas Carol*) 裡面那個史古基（Ebenezer Scrooge）一樣吝嗇，我要考慮的是帶了禮物前去之後可能會衍生的其他問題，比方說我會不會害人家家裡多了雜物？我對小壽星有什麼喜好一無所知，是否白費了心機挑禮物？我會不會也只是展現一個根植於物質主義與消費主義文化下該有的行為而已？**我的林中小屋在哪裡?!**

所以，每次碰到需要買生日禮物送給某個孩子時，我都買一樣的東西，不是拼圖、書籍、美勞用品，就是禮物卡。我家附近的玩具店有目錄，我應該會夾一張禮物卡在目錄裡面送給壽星，讓這個孩子盡情挑選他喜歡的東西。

無論你決定送什麼，重點在於一次決定好，這樣一來收到邀請函時就不必煩惱，因為你已經知道要買什麼了。

### ▼送給家人的禮物

挑禮物送給你十分了解的人，相對來講應該比較輕鬆愉快，不過這方面你還是有機會可以一次決定好。現在很流行的四大送禮原則——送對方想要的、需要的、穿的、讀的——就是一種一次決定好的形式，適用於買禮物送給家人。假如這種有所限制的一次決定對你有幫助的話，不妨用用看。

＊我目前會挑麥奎琳．史密斯（Myquillyn Smith）的著作《愜意的極簡派家庭》（*Cozy Minimalist Home*）當作禮物。

由於我繼父喜歡閱讀，但他不一定會主動找書來看，尤其是身邊又有報紙的時候，所以我決定每年都買書當作禮物送給他。雖然每年送的書不一樣，但書這個禮物是固定的決定。我的小妹是美容產品方面的高手，於是我做了一個新的固定決定，那就是一律送那種她應該不會買給自己的保養品。*

## ▼婚前單身派對和準媽媽派對的賀禮

這種禮物你不必傷腦筋，因為所謂的「賀禮登記系統」已經替你做好決定，也就是說收禮的對象把她想收到的禮物清單都列出來了。有些人覺得按照賀禮登記的清單來購買禮物沒有人情味，但如果讓收禮對象額外跑一趟退回你的禮物，也一樣沒人情味呀……。我知道這些話可能會冒犯你，但我不會因為你買了有人情味的禮物就說你很壞。

搭配其他你覺得有人情味的禮物一起送，可以抵銷登記禮物的沒人情味。比方說準媽媽派對，除了送上連身衣套組之外，不妨再加上你家孩子小時候最喜歡的書。若是參加婚前單身派對，就送新人挑選的餐碗，然後手寫幾份你最喜歡的食譜放在碗裡，說不定還可以用你認為新人應該會喜歡的茶巾來包裝餐碗。

## 一次決定好穿著

先前曾介紹過我的週一制服，週一的穿著之所以比較讓人心煩，純粹是因為我不想再多做決定，這也是週一制服對我來說是個恩典的原因。

事實上，自從我聽過一個故事，說有個男人每天都有固定穿著之後，我就忍不住想把制服日的概念進一步延伸。這個人他找到一條非常適合自己的褲子，便一口氣買了三條。後來他又找到穿起來最完美的黑色上衣，這次一口氣買了七件。他每天都穿同一雙黑色鞋子，這雙穿壞了再買另一雙替代。這位仁兄也備有好幾套他最喜歡的內衣褲和襪子，而且全部都是黑色。

他的穿搭選擇真是少得好幸福，令我十分嚮往。

由此可見，一次決定好若發揮到極致，也可以很激烈，但也非常優美。這名男子決定了自己喜歡的穿著，然後天天這樣穿，不必為了每天早上要穿什麼而傷神。他甚至把一次做好決定的原則，拓展到如何洗衣服、收納衣服、打包差旅要用的衣服，以及如何根據天氣調整穿著等層面。

一個固定決定觸發其他決定所產生的種種好處，不必靠天天一樣的穿著打扮也能見識得到。就拿參加婚禮的穿著打扮來講，如果先挑好兩套穿著，一套適合溫暖的天氣，另一種適合天

---

* 漢娜（Hannah），抱歉，有雷慎入！

冷時穿的話如何？這樣一來便無須擔心舒不舒適，或底下該不該穿Spanx牌塑身褲的問題。你挑的服裝可以根據婚禮形式，搭配合適的鞋子和首飾，就能讓自己走盛裝路線或休閒一點的風格。

現在請容我解釋一下。我並不是說你只能有兩套服裝或你的衣服最好全黑，又或者只能擁有一雙鞋子，我絕對沒這個意思！幾套服裝、衣服顏色、幾雙鞋子，這些都不是重點。

我要表達的意思是，那些讓你覺得有壓力的生活層面，正是可以做固定決定的大好機會。你因為平常都穿牛仔褲和T恤，所以很想盛裝打扮一番去參加婚禮是嗎？儘管從眼花撩亂的選項裡決定你的穿著吧，只要你可以從中得到真正的喜悅就好。

只有在適合你的情況下，才需要一次決定好穿著。

## 值得為膠囊衣櫥花心思嗎？

膠囊衣櫥未必適合所有人，但是它的概念對我們每一個人都很受用：你擁有的每一件衣物都是固定決定。

你買東西時，就是在決定這樣東西值得你一直選它，就是在決定給它空間——讓它在你的衣櫃和腦海裡有一席之地。

如果衣櫃裡塞滿了各式各樣不值得你挑選的衣物，那麼這些衣物便占走了重要衣物——也就是讓你穿起來很自在的衣物的空間。

衣櫃裡的衣物最好都是你開開心心做的固定決定，無論這些衣物有多少，也不管它們有多搭。

## 一次決定好要吃什麼

三餐時間又是可以一次做好決定的機會。儘管發生了夾餡法式吐司事件，我還是熱愛烹飪，也喜歡待在廚房忙碌。餵飽家人對我而言很重要，但這並不表示下廚就一點壓力也沒有。

然而，我不會毫無計畫地全用懶惰的態度來面對壓力，或硬是要像天才一樣面面俱到，把自己變成做飯機器人；我是懶惰天才，利用幾個固定決定，就能讓充滿壓力的地方變得輕鬆一點。我也很樂意跟各位分享我的點子。

### ▼用同樣的食材

看似無底洞的各種選項，是我最大的壓力來源。我想要每一樣食材、每一本新推出的烹飪書籍，我也希望有充分時間把我能弄到手的每一道新食譜都做出來。還有，我想要孩子們沒有一絲抱怨地把我做的菜全吃光。

希望渺茫啊……

因此，與其被無底洞的選擇和孩子們擺布，我寧可一次決定好只用固定食材來做菜。舉例來說，如果要吃魚，我們家只吃鮭魚，目前這個階段先跳過貝類。蔬菜方面的話，我們主要吃胡蘿蔔、馬鈴薯、青豆、玉米和一些其他蔬菜，但目前跳過朝鮮薊、蔥和南瓜。我列出的食材當中有一些特定食物*上了餐桌後，經常被孩子打槍，不過這一點倒不令人意外。等孩子們食量增加，我在廚房有更多餘裕、預算也更多時，我會擴充這些食材。

還請各位留意，我並非因為討厭食物才要限縮食材。我這個人對食物很是著迷，這種熱愛也許比一個愛蒐集無生命物品的人還要深。也因為我愛食物，所以會希望我在廚房烹飪的時候盡可能開心一點，尤其是家裡還有「小蘿蔔頭」的階段，而限定食材可以助我達成目標。

這還有個額外的優點：把食材選擇變成固定的決定之後，做其他決定時也會比較輕鬆一點。我挑新食譜時猶如春風拂面，因為不在我清單上的食材全都可以跳過。採買過程自然也是怡然愜意，因為我只要一直買同樣的食材就好。當然，把買回來的東西歸位也是輕而易舉之事，因為我用原來的空間來擺放這些熟悉的食材即可。

一次決定好，就能春風常駐。接著我們來探索其他做法，把烹飪和飲食變得更輕鬆。

## ▼請朋友來作客就做同樣的菜

有時候邀請新朋友來家裡作客心裡會很慌亂，所以不如每次都準備同樣的餐點，你會比較輕鬆一點。挑個符合大眾口味、你有信心做好的食譜，只要有朋友第一次到你家，就做這些菜色招待他們。如此一來，你就能盡情款待客人，不必為了要吃什麼或擔心做出來的菜上不了檯面搞得自己煩惱不已。手作披薩是我個人的萬靈丹，我喜歡為新朋友製作這道餐點，因為做披薩很有趣，而且沒有人不愛披薩。**

### ▼建立餐點庫

餐點庫可以讓你一次決定好一週哪幾天的主食，比方說週一蔬食日、週二墨西哥夾餅日和週三快鍋日等等，有各式各樣的可能性。

以我家來說，週一是義大利麵日，週五吃披薩，週六專門解決隔夜菜。其實對於這些類別的主食我很開放，不過我已經做了很有用的選擇。

餐點庫的優點在於你可以自行安排，不需要我告訴你一次要決定好哪些事情。換句話說，你可以自己做決定，再按照需求安排這些決定。不必過分拘泥於週幾或甚至把一週七天都填滿，我個人的話覺得一週排三天就差不多了，也許你比較適合多於三天或少於三天。

---

* 我所謂的「特定食物」自然是指綠色蔬菜。

** 只要確定大家都可以吃乳製品和麩質就行。假如你做了披薩給不能吃披薩的人吃，那真是太可惜了。快問我怎麼會知道。〔琳賽（Lindsay），我對不起你！〕

無論如何，一次決定好餐點庫之後，你就等於建立了一個輕鬆又容易採取行動的餐點規劃機制，這絕對是懶惰與天才的完美組合。

## ▼簡化採買雜貨流程

簡化採買流程這項建議不見得適用於每個人的預算，但如果你討厭採買雜貨，就乾脆挑一家你喜歡的店，別管其他商店的廣告傳單上面寫得有多讓人心動。

我們忘了時間和腦力也很寶貴，買最低價的炸薯球是省了幾毛錢沒錯，但為了買到最低價卻往往犧牲了時間和腦力，結果得不償失。

一次決定好你要在哪家商店採買吧。

另外，你也可以一次決定好這些事，比方說每週採買一次、在你生活最忙碌的階段別嘗試新品牌，或者是一律得來速取貨，就算會有一兩根香蕉撞傷的風險也沒關係。

如果每次需要補充食物時都要重新決定如何採買，只會製造不必要的壓力，所以最好一次決定好，盡量減輕煩惱。

**用懶惰天才法決定午餐吃什麼**

- 星期日煮好一鍋湯，當作接下來一週的午餐。

- 一次做好數個沙拉罐。
- 採買萵苣和你最喜歡的乳酪，把三明治做得美味好吃。
- 把晚餐時孩子因為挑食而不喜歡吃的餐點改成午餐吃，用可愛的玻璃容器來備餐，讓備餐變得更有趣。
- 挑一個簡單的食譜，然後午餐都做這道菜，等到你吃膩了，再挑另一個食譜。別為了一再思考午餐要吃什麼而傷腦筋。

## 一次決定好如何打掃

我討厭打掃，無論你是否跟我一樣厭惡這種事，一次決定好會讓你比較容易應付整個打掃過程。

### ▼簡化清潔產品

當你購買特價清潔劑、超細纖維抹布或是你在Shark Tank歐美時尚生活網看到的神奇拖把時，就表示你做了一個使用該清潔用品的固定決定。如果你真的用了這些物品，並且因此增加了生活品質，擊掌歡呼吧！但要是買了又不用，這些用品就會變成雜物。

雜物是清潔的大敵，居家環境的雜物愈多，就愈難整理。但諷刺的是，每當我對家裡有什麼不滿，總會買東西來布置或讓家裡整潔一點，可是這樣做只是增加了雜訊，使問題更加惡化。*

試著用做出優質固定決定的心態，去採買清潔產品吧。假如買了廚房噴灑清潔劑，就要用它。買了很炫的拖把，就要用它。買了馬桶刷，就要用它刷馬桶，然後好好過生活（不管你買的東西有多神奇，也不會讓打掃浴室這雜務變得更美好）。

對於最必要的家事請挑選最基本的用品就好，這樣才不會囤一大堆東西。別強迫自己從五種清潔劑做選擇，搞得好像在滑Netflix佇列一樣。挑一罐買起來，然後用它去打掃。一次就能決定好，就別再浪費時間去挑選。

### ▼簡化常規

每週四用吸塵器打掃；撣灰塵時順便擦鏡子；洗完澡後先把淋浴間清潔乾淨再出來；先洗馬桶再洗澡，因為馬桶很髒。別把清潔的例行公事弄得太精細，也不必規定一週七天分別要掃哪裡，或甚至乾脆別把這些差事當成例行公事在做。一次決定好就能簡化清潔這件事，就此搞定。

先停下來想一想，哪些清潔工作會讓你元氣大傷。如果一次做一個決定，把清潔工作變得稍微輕鬆一點就好，你覺得會有什麼效果？

## 一次決定好一個傳統

每次我聽到有人說起傳統，譬如每年夏天固定到某個地方度假，或一律在十二月的第一個週末製作聖誕節餅乾等等，都會讓我靈感噴發，而且還會為了自己沒有這些傳統感到扼腕。

不過你知道嗎？傳統也是固定的決定。想想看每一個傳統都是你可以一次做決定的機會，這是多麼有趣的經驗，如此一來就不必對傳統有過度遐想，把它當作年復一年存在於記憶中的家庭試金石。

一次決定好，開學前一天晚上全家出門吃鬆餅，如果大家都喜歡的話，來年再做一次。

一次決定好，平安夜那天你們要穿著睡衣欣賞聖誕燈飾，到了那天全家就擠進車子裡吧。

一次決定好，全家吃過感恩節晚餐之後，一起玩大拼圖。

我們渴望傳統所創造的情感連結，但又把路徑弄得很複雜，結果反而對傳統加諸這麼多壓力。試試看一次做一個選擇就好。

說不定你已經因此開始了一個傳統。

---

* 因為逛目標百貨時看到Method牌噴灑清潔劑在特賣，再加上這些清潔劑看起來好美就買回家，結果最後堆在家裡某個櫃子裡的清潔劑至少有四罐的人，請舉手！

## 番外篇：傳統當著你的面破滅了

我們家只要有人生日，全家就會聚在一起吃晚餐，我媽會做壽星喜歡吃的菜。從我有記憶開始，我小妹漢娜的生日大餐都會有水煮蝦和雞尾酒醬。

這是傳統。

多年以後，為了某個大家也忘了的原因，為小妹做生日大餐不是我媽，換成了我。我問小妹：「你的水煮蝦要配什麼吃？」

她沒接話，過了一會兒她深深吸一口氣，然後對我說：「我其實不喜歡吃蝦子。」

不好意思，我有沒有聽錯？

蝦子大餐製造的美好回憶縈繞在我腦海裡數十年了，但對小妹來說，卻是她花了一輩子投入這個自己根本不喜歡的傳統。

當然，這件事可以當作一個教訓，你應該勇敢說出自己真正喜歡的東西，不過更適合作為提醒，別把自己丟進一個喬裝成傳統但並非人人熱衷的固定決定裡。在此向你宣導。

附註：如今我們家有個暗號，只要講了這個暗號，就表示接下來要說的事情可能會讓大家有點尷尬。

這個暗號就是：「我碰到蝦子狀況了。」

現在開始行動吧，一次決定好，而且**只要決定一件事**就好。你在實際執行這個守則的過程中，一定會很興奮自己竟能省下這麼多的心神，讓你能夠在應對重要的事情時當個天才，對不重要的事情懶惰一點。

### ▼本章重點

- 一次做好某些決定後就別再更動，別無止盡地重複做決定。
- 一次決定好不會讓你變成沒感情的機器人，反而會省下更多時間讓你發揮人性。
- 各方面的事情都可以一次決定好，譬如送禮物、穿著打扮、料理三餐、居家清潔和建立傳統。

### —跨出一小步—

舉出會讓你焦躁不安的事情，然後做出一個固定決定，讓事情輕鬆一點。一次做一個決定就好，別一次做三十七個。

一次決定好這個守則恰好可以完美銜接到懶惰天才的下一個守則：「從小處著手」。也許你現在已經拿起筆，開始寫下所有的固定決定，但在你振筆疾書、把紙燒出洞之前，不妨先讀讀下一章！

— 懶惰天才守則二 —

# 從小處著手

我絕對不是那種可以稱為運動咖的人。小時候玩躲避球我都得等到最後才會有人要。我是啦啦隊隊長，但做不了側翻。我也參加自學學生組成的排球隊，不過我總是坐冷板凳。*

理論上，這也沒有什麼大不了的，畢竟每個人的能力不同，而我的能力與速度無關，也跟手眼協調無緣。我直覺上知道自己的價值並非取決於我有多骨感或多壯，但受到我那位前文曾提過、不怎麼好的父親影響，再加上電視廣告以及高中、大學的社交結構推波助瀾之下，我知道我的處境實在不大妙。纖細漂亮的女孩才能得到注目，像我這種女孩可不行。

誠如我先前所解釋過的，懶惰天才就是應對重要的事情時當個天才——關於這一點，我以前有很長一段時間都把心思放在「不重要」的事情上，也就是我的體型胖瘦。

高中那段日子，我完全走懶惰路線，能藏就藏、能躲就躲。我把自己穿得像套布袋似的，頭上頂著詭異的髮型，整個人的造型就是為了盡可能別引人注目。確實有效，因為我大部分的朋友，無論男女，他們都暱稱我「媽媽」。**

上了大學之後，我往另一個方向發展，為了我的身材用盡心思，試圖在這方面當個天才。我限制自己每天只能吃八百卡路里的熱量；不是一千八百喔，是「八百」。我也試圖鍛鍊肌肉，所以每天

---

* 沒錯，在家自學者也有球隊，我們會跟小型教會學校比賽，當年比賽時我們還得穿上寬大的短褲，因為光溜溜的大腿很不像話。那段歲月還真是詭異！

** 現在的我做媽媽做得怡然自得，但如果你只有十六歲，有一群你覺得很帥的男生幫你取了這樣的綽號，那簡直是天崩地裂。**真的會天崩地裂**。

勤跑育樂活動中心，用腿部訓練機做鍛鍊，但方法用錯了，結果對我的膝蓋軟骨造成永久性傷害。*

我常常在想，我的穿著打扮究竟是讓我變美，還是讓我看起來只不過是個過於努力的女孩。

我對自己身材的觀感固然嚴重扭曲，但不管我在身材問題當個天才抑或懶惰待之，卻都還是徒勞無功。什麼都不在乎和在乎太多皆讓人陷入同樣境地。

陷入瓶頸。

## 放手一搏，否則乾脆回家

無論我們討論的是身型、婚姻或衣櫥收納，大家對各種問題的反應往往不是太努力，就是乾脆放棄。換言之，我們若不是全心投入，便是全面退出：要就放手一搏，否則乾脆回家。

我們坐等人生翻轉，坐等孩子們長大成人，坐等婚姻改善，坐等住家變大一點，坐等身材小一圈。我們不請別人來家裡吃晚餐，因為房子還沒整理妥當，又不會下廚，也不知道怎麼插好一瓶花但不會讓人覺得那是小小孩亂搞的傑作。

既然這些事情我們全都做不了，就乾脆什麼都不做。

瓶頸又來了。

要不然這樣，我們立刻來個重新開始，就像「新年新氣象」那套，為我們的家、工作和身材架構一個面面俱到的機制，指望能立竿見影，但最後又因為看不到預期效果而火冒三丈，變身綠巨人浩克。於是我們放棄，繼續嘗試下一個點子。

再一次遇上瓶頸。

這時我們就想：**那好吧，沒效的原因可能是我沒用對方法！**

非也！你要是沒有抓出真正重要的事情是什麼，就算用對了方法也是徒勞無功，尤其如果忽略了從小處著手的好處，再怎麼好的方法也是枉然。

從小處著手可以助你突破瓶頸。

進步才是新目標，
未必是終點。

## 小處著手的重要性

你大概會以為從小地方做起很浪費時間，我以前也這麼想。我認為小處著手無法快速顯現成果，所以覺得這種方式沒意義又令人失望，心裡會想：**難道我不該自律一點放手去做，怎可屈就於這麼微小的事情呢？**

---

＊ 我永遠也忘不了十九歲那年聽到醫生對我說：「你的膝蓋是七十歲老太太的膝蓋。」我還不滿二十歲，竟然已經從「媽媽」晉級到「祖母」，棒喔。

社會改革家雅各・里斯（Jacob Riis）說過一個故事：「我一籌莫展的時候，便跑去看石匠工作。他用鍾子敲石塊，大概敲了一百次，但石塊連一條裂縫都沒有。也許敲第一百零一次的時候，石塊就會裂成兩半，不過我知道，無論如何石塊裂開並不是那最後一次敲擊造成的，而是前面一百次敲擊的結果。」這個故事促使我用另一種角度來看待一小步的價值。【1】

我們很少會想到先前所做的努力有很大功勞，但小處著手的價值就在於替我們下了看不見的功夫，我們可以信任這個過程。

你大概聽老一輩的人說過「努力無可取代」或「如果這件事值得去做，就應該把它做好」這類的話，他們說得沒錯。但是我們又會想，那不夠努力的話，這件事恐怕就不會得到好結果。這個道理適用於運動、洗衣服和對抗孤獨。又如果我們不能非常努力去實現這件事的話，大概也就只好放棄，除非我們拿出該有的努力。

天才大概就是用這種方式看待目標與成長，不過「懶惰天才」會從小處著手。

小處著手很輕鬆。

小處著手可以持之以恆。

持之以恆的一小步可以讓你持續進步。

進步才是新目標，未必是終點。

## 終點務必值得你下功夫

就算你無論如何就是要追求終點，那麼請務必確認這個終點對你來說真的很重要。你會不會覺得以下幾個情境很熟悉？

- 你認為自己應該多多運動，不過你是為了瘦身才運動，因為你覺得瘦瘦的人比較棒。
- 你是職業媽媽，白天拚命工作就是為了晚上能早點回家做晚飯，因為你深信親自下廚的媽媽比不做飯的媽媽更棒。
- 你對自己沒上大學一直耿耿於懷，所以設定了荒謬的目標，規定自己必須讀很多書，因為你覺得讀書會讓自己更聰明，聰明的人比較棒。

我沒有要各位每次決定改變人生的某個層面時，就得替自己做一回心理諮商的意思，但如果你不斷嘗試某件事情，而這件事情總讓你有鬼打牆的感覺，也許就該去省思你一開始做這件事的初衷是什麼。假如你的動機是建立在一個對你而言根本不重要的原因上，最後你就會因為太過於努力而筋疲力竭，或再一次陷入瓶頸。

重要的事情請從小處著手，別再陷入瓶頸裡。

## 即便終點值得，也不能忽略小處著手的重要性

我這個人很容易緊張又沒什麼彈性（不管是精神上或身體方面皆如此），瑜伽是一種不必用腦的運動，非常適合有背痛、嗜咖啡如命的金魚腦人。於是，我三十多歲時花了不少功夫，義無反顧地把瑜伽當成我固定的生活環節。我設定的終點是保持正念以及緩和身體的緊繃痠痛，這些對我而言十分重要，所以接下來我要做的就是實現這些目標。

我試圖完整實踐「我要每週抽四天各做半小時瑜伽」的信念，可惜從來都做不滿四天。為了讓這條路走得更順利，我下載了應用程式，買了瑜伽墊、瑜伽磚和茄子色運動上衣。我準備了核對清單，也設定了手機提醒，甚至買了十堂熱瑜伽課程。*

結果完全沒效。不管我再怎麼努力，就是做不到每週四次各半小時的瑜伽，實在令我挫敗不已。我明明想學瑜伽！我的動機真的很有意義！我完全是自發的！怎麼會這麼難？

這都是因為**太操之過急了**。

即便你的目標確實重要，但從小處著手依然是朝目標前進最可靠的途徑，因為你會真正**向前邁進**。如果用龐大的機制，便會給自己製造太多壓力，你必須花更多時間去維持，而無法讓你往前移動。

人生不會在一夕之間就變得有意義，但是意義會從日復一日每個刻意的小決定中誕生。有意義的人生需要關注與呵護，走捷徑未必有效，龐大的機制甚至效果更差。

小處著手很重要，也更容易持之以恆去做。

## 小處著手看起來很荒謬

去年一月一日，我像每個熱血的美國人一樣，在新年第一天仔細思考了我的目標，我體認到自己對瑜伽的做法應該要有一番改變。如果想定期做瑜伽，就必須從小到不可思議的步驟著手。我做出什麼承諾呢？一天做一個瑜伽動作下犬式（down dog pose）。一個就好。

如果各位對瑜伽不熟，請容我稍微解釋一下。下犬式就是把雙手和雙腳平貼地面（最理想的狀態），並且把臀部高高抬起的動作。就像玩猜字謎遊戲，你用身體做出字母A的樣子。除了大休息（corpse pose，就像死人一樣躺在地板上），下犬式大概是最簡單的瑜伽動作了。

所以，我每天都做一個下犬式。先彎下腰，把雙手放在地板上，把屁股往上抬高，撐住這個姿勢做幾個深呼吸，然後再站起來，今天的功課就做完了。

顯而易見，我在做這個荒唐可笑又零風險的活動時，覺得自己跟傻瓜沒兩樣，但是我決心堅

＊假如你想體驗看看生活失控是什麼感覺，不妨上一堂熱瑜伽課程，來一趟肥美多汁的瑜伽之旅。上完課之後，你會像美式橄欖球的後衛一樣飆汗一個半小時，雙腿就像廢掉一般根本沒辦法開車回家，超級有趣！

持下去，看看這種方法究竟能不能有點成效。既然放手一搏沒有用，那麼從小處著手說不定有效。

做了好一陣子之後，至少就結果而論，答案揭曉了——完全看不出效果。我的身體並沒有在不知不覺中變得更有彈性，我也並未因為做了瑜伽就進化成大家所謂的禪者。即便如此，這個例行公事因為小到不礙事，所以我也就沒有停止。

這已經是不得了的勝利！

我每天早上做下犬式，如果早上忘了就挪到晚上睡前做，有時候早晚會各做一次。偶爾我會做整套拜日式（sun salutation，一連串包括下犬式在內的動作），但無論如何最多十五秒就會做完。大概過了四個月，這小小的第一步漸漸成了我的寄託，這時我已經可以每天做瑜伽三十秒左右。

容我再重複一遍：一天三十秒。

當然，如果用天才的角度來思考的話，這整件事看起來好蠢。三十秒的瑜伽到底有什麼意義，想到就覺得可笑。不過幸好，我有懶惰天才的視角，這種視角大大激勵了我的士氣。「養成每天做瑜伽的習慣」是我想出來的，雖然這個習慣所花的時間跟一個啤酒廣告一樣短，但我真心為自己感到驕傲。

我已經朝著自己一直想達成的目標前進。

小處著手正在發揮它的作用。

## 小處著手真的有作用嗎？

網紅吃貨布莉．麥考伊（Bri McKoy）沒有一整個下午的時間可以坐下來看書，但還是希望閱讀可以成為自己的日常。為了達到這個目標，她沒有強迫自己騰出一大段時間來看書，而是從小處著手，每天先看個十分鐘的書再做晚餐。只要十分鐘就好。通常十分鐘連看完一章都不夠，不過她知道這做得來的一小步肯定能讓她成功養成閱讀習慣，而且不需要「漸漸」養成，是「馬上」就能上手。

你或許會以為一開始若是不能放手一搏，就沒什麼好說的。好比我若是只做一個瑜伽動作，就不能說自己天天做瑜伽嗎？不，我當然可以這麼說，同樣地，無論你決定採取什麼步驟，也絕對有它的意義。

步驟愈小，就愈有可能做到。愈有可能做到，就愈有可能「持續去做」，將這件事化為日常生活中很重要的一環，這便是一小步有意義的地方。

沒錯，我在做瑜伽；沒錯，布莉有閱讀的習慣。沒錯，如果你正從小地方做起，你可以大方說出自己的目標。

現在，假設我每天在這個街區散步，我可以說自己是馬拉松跑者嗎？不行，因為我壓根沒跑過馬拉松。為什麼做一個懶惰天才、找出你覺得重要的事情很重要，原因就在於此。

如果你想自稱畫家，但你內心所設的終點卻是擁有一間工作室或靠工作賺錢謀生，那麼你指出的目標就是錯的。這樣的話，你其實不必當厲害的畫家，只要做一個會畫畫的人就好了。

如果一開始就放手一搏，那麼得到的成果恐怕永遠都嫌太少。倘若你認為放手去做才是唯一有意義的衡量標準，你就只好一直改變賭注、移動你的終點線。

加入懶惰天才的行列，擁抱小處著手的力量吧！小小的一步舉足輕重，深具意義，而且也是開始向前邁進的最佳途徑。

## 頑石終於點頭

我少少的每日瑜伽練習邁入一年兩個月，而我唯一想展現的也就如此而已——每天做一個小小的瑜伽練習。我感覺自己的身體比較有彈性一點，也喜歡在早晨將雙臂伸得很高時背部被拉開的感覺，不過我做不到用頭倒立或剪刀腳。我還是一如往常，做下犬式時沒辦法把腳平放在地板上，用身體擺出字母A時看起來依舊是歪的。

直到某一天晚上，上床前我照例做瑜伽。我先從拜日式開始，這時我發現有點不同。真的很突然，我在做下犬式時雙腳竟然可以平貼在地板上，做棒式（plank，基本上就是伏地挺身挺起來之前的動作）的時候，我也可以穩穩撐住五秒，不會晃來晃去。我進入了做瑜伽真正該有的境界，突然之間我的呼吸能自然地配合動作，不必刻意去思考。那個星期六晚上真是太奇妙了！

我耕耘這個微小至極的動作一年兩個月了。**一年兩個月。**如果是以前的我，只要十四「天」看不到效果，我通常就放棄了。最諷刺的是，我進步了——不只是我對每日瑜伽練習的投入，還有瑜伽練習本身——但這個進步不是每週做四小時瑜伽練出來的，而是靠著日復一日做同一個小動作辦到的。

我寧可天天做一樣的小動作連續一年兩個月，並因此體驗到很深刻的東西，也不要一開始就放手一搏，結果最後還是遇到瓶頸。

假如你想要在應對重要的事情時當個天才，不重要的事情懶惰待之，就必須好好把握小處著手的原則。

小處著手很輕鬆。

小處著手可以持之以恆。

小處著手可以幫助你真正跨出去，跟再努力一點或乾脆放棄比起來，你已經成功一半。步驟愈小，就更有可能去做，你也會對自己重視的事情投入更多心力。

當你發現一個選擇竟有如此效果，接著你便會開始注意到「單一選擇」的影響力。一個選擇絕對可以對生活產生影響，就和石匠的工作一樣，每天實踐這個單一選擇，久而久之你的生活勢必會有所改變。

## 從小處著手的實用訣竅

- 希望每天能吞一點維他命？每天早上把那罐維他命放在桌面上。
- 希望天天做晚餐？先從每週二開始。
- 希望建立一套打掃的常規？每天晚上先把廚房流理檯擦乾淨再去睡。
- 希望多多散步？把鞋子放在門邊提醒自己。
- 希望生意興隆？每天設法多接觸一位潛在客戶。
- 希望自己活得更像人？希望想起自己真實的模樣？每天花一點時間站在你家門前深呼吸！

## ▼本章重點

- 什麼都不在乎和在乎太多都會讓你遇到瓶頸，但小處著手能助你突破向前。
- 我們的目標是進步而不是抵達終點。
- 小處著手很輕鬆，輕鬆的一小步就能持之以恆，只要能持之以恆執行一小步，終將抵達任何目的地。
- 一小步雖然「小」但不會白費功夫，每一個小小的選擇都會積沙成塔。

**——跨出一小步——**

明確指出人生中十分重要但總是很使不上力的地方，然後選一個微小至極的步驟天天去做，讓這部分能夠逐漸改善。你的行動絕對不會白費功夫，因為你會持續進步。

小處著手讓各位明白了單一選擇的影響力，而下一個守則要介紹的，正是如何做出最輕鬆又最有顛覆效果的單一選擇。

— 懶惰天才守則三 —

# 問神奇的問題

放學後的時間充滿獸性。(有人贊同我嗎?)接孩子放學的時間,不可避免總是剛好跟年幼弟妹的小睡時間撞在一起。接完孩子回到家,個個喊肚子餓,大家脾氣也暴躁起來,你還得充當趣味十足的娛樂總監,拐孩子寫他們討厭的作業,外面的陽光如此燦爛(是活力與維他命D的重要來源,但無助於幫孩子做完減法練習題),卻還有晚餐等著你去做,而此時此刻你只想小睡一下。

你心裡明白,那可怕的一刻來了。放學後的瘋狂狀態早該在你意料之中,但還是讓你猝不及防。

有時候我乾脆懶惰地斜躺著,任由那瘋狂發生。混亂主宰一切之後,只要對著孩子大吼,再吃上一大堆奧利奧餅乾,我可以得到些許慰藉。

天才上身的日子也沒有好到哪裡去。我事事做了規畫,就缺彈性,彈性恐怕才是父母百寶箱裡面最有價值的工具,接著某件事出了狀況,沒有按照我精心計畫的行程表在走,逼得我整個火山爆發。

單單靠懶惰或天才都無法斬斷瘋狂;等到我丈夫下班走進家門,我通常都是一副被殭屍入侵那般悽慘的模樣。

**真心不騙**,至少在「問神奇的問題」成為我生活常規之前,我經常出現這種慘樣。

簡單來講,神奇的問題就是:「我現在可以做什麼讓之後的生活輕鬆一點?」

## 在狀況變得危急之前，先處理最必要的事情

用了神奇問題之後，就不必抱著玩打地鼠遊戲的心情面對各種狀況了。玩打地鼠遊戲的時候必須快速做出反應，只要皺巴巴的棕色臉孔一跳出來，就要全力把它打下去，但是你在打這隻地鼠的同時，另外一隻會跳出來，所以沒多久整個局面就會變成你只好亂打地鼠機，看能否碰運氣打到最多隻。

地鼠跳出來的音效聲是否很熟悉？那讓你很焦慮，對吧？

你覺得快瘋了，因為所有事情同時發生：每一個人現在就需要你，吹風機還開著，車子沒油了，學校發的同意書還沒簽，晚餐要吃什麼你也還沒想好。

「問神奇的問題」跟玩骨牌很像，我的意思是說，把骨牌排好之後，它們就能一個接著一個被推倒*，所以不妨把問神奇問題視為那張排在第一位的骨牌。問自己「我現在可以做什麼讓之後的生活輕鬆一點」，然後好好回答這個問題，別急著對下一個跳出來的緊急問題做出回應，只要先做一個簡單的決定，這個決定會觸發下一個決定，漸漸地你就比較能預測眼前這些決定的發生順序。

別忘了，懶惰天才從小處著手。

你不必先解決一大堆問題，才能為後續做好準備：只需要從一個問題著手就好。

也許你認為多才是好，但恐怕你錯了。你處理的問題愈多，就表示你想一次解除所有狀況的燃眉之急，如果真能做到的話就太搞笑了。其實你應該以領先狀況一步為目標，才不會天天都在

忙著滅火。我們每一個人都遇過無數次焦頭爛額的狀況，以後仍不可避免會碰上，但你可以做好充足的準備，問自己一個神奇問題：我現在可以做什麼讓之後的生活輕鬆一點？

這個問題一旦開始問了，就會想一直問下去。該如何用這個簡單的問題改變你的生活，且看以下幾種做法。

## 神奇問題案例分析一：放學後

### 我現在可以做什麼讓之後的放學後行程輕鬆一點？

「點心拼盤」是最深得我心的答案。我出門去接那兩個念小學的兒子放學時，會先準備好一個大盤子，把所有能找到的食物，譬如餅乾、胡蘿蔔條、臘腸切片、葡萄、剝成一塊塊的巧克力片餅乾……任何家裡有的東西都擺上去，堆得滿滿的，然後再把盤子放在廚房桌子上，等我們一回到家，這個堆滿食物的盤子簡直就像燈塔一樣照耀著我們。

單就點心拼盤這個決定，就能為整個下午啟動歡樂的骨牌效應。我準備的拼盤內容豐富多樣，讓孩子有很多選擇，不必為了吃與不吃而爭吵，他們自然也不必為了冰淇淋三明治為何該被視為水果這種事情來磨練自己的辯論技巧。孩子們看到拼盤後，只會急著放下書包，把手洗乾淨，因為他們不

---

* 有人說，某種點數遊戲其實很適合用來比喻，不過我家有念小學的男生，我們剛好又有骨牌可以玩推倒遊戲。

想只拿到吃剩的最後一片巧克力片餅乾。我還準備了小橘子和乳酪丁，讓孩子們在學校過了眼花撩亂的一天之後，可以在家裡舒舒服服地平靜下來。

吃完東西後，轉換心情寫作業的過程也變得更容易，因為大家本來就已經坐在桌旁，孩子的血糖也呈現穩定狀態了。他們忙著倒水、瓜分臘腸的時候，我甚至有一點時間可以想想晚餐的神奇問題。

我是不是天天都準備點心拼盤？沒有。如果有點心拼盤，那一天會過得比較輕鬆，但也不表示沒有準備就度日如年，只是說，有準備的話，媽媽變身成浩克的情況比較少見。這就是神奇問題的一個重點：未必保證一定會有特定結果，但是老天，真的非常接近了！

## 神奇問題案例分析二：晚餐

### 我現在可以做什麼讓之後做晚餐輕鬆一點？

這個版本的神奇問題特別耀眼，純粹是因為我們天天都要吃東西，所以有什麼效果都能看得一清二楚。換言之，廚房的一連串骨牌會倒得很順暢。

我沒忘記第一次在晚餐前四小時就用鍋子裝好煮義大利麵的水時，心裡覺得自己有點瘋狂的情景。這樣做到底能有什麼作用？裝好一鍋水這種事，我那還在學走路的孩子也會做！結果五點一到，我那還在學走路的孩子變得像寄生蟲一樣把我黏得緊緊的，不肯放我走。我還記得當時在那種情況下，自己只需要轉一下爐子上的旋鈕，不必一手抱著兩歲大的尖叫女高音、另一手設法裝一鍋水時，我差點喜極而泣。

我發現，第一張骨牌就是在這個時候倒下。

正是因為那鍋水已經在爐子上等我，所以孩子黏在我身上不肯離開並沒有讓我太心煩，不過我得抱著這位小姐去儲物櫃拿番茄。我走到儲物櫃，看到那包義大利麵，心裡就想如果我也先把義大利麵拿出來放好的話，以後一定會更輕鬆，而這些心路歷程，全是在綁著兩條髮辮的女兒把頭靠在我輕鬆至極的肩膀上時出現的。

一個小小的決定看起來微不足道，卻能產生巨大的改變，而我的改變就是從一鍋水開始的。

接著就來參考看看關於吃飯的神奇問題有何其他解答。

## ▼決定晚餐吃什麼

讓之後做晚餐輕鬆一點最重要的方法，就是在晚餐之前先弄清楚到底要吃什麼。事先決定好晚餐內容，才能去店裡把需要的食材買好。列張食物雜貨清單貼在後門上，這樣一開始就不會忘記去店裡買東西。晚餐神奇問題的答案未必是指某個做飯的環節，也許用一個決定就可以解決了。

## ▼準備食譜

假設晚上要吃辣肉醬，現在先想一遍做這道料理的步驟程序，預想一下你現在能做哪些事，比方說你可以把豆子和番茄罐頭放在料理檯上（是的，我會在辣肉醬裡面放豆子，請別用那種眼神看我），又或者你可以把香料包先撕開，或自行混合辣椒粉和孜然；可以先把洋蔥和大蒜切丁，將荷蘭鍋放在爐子上或把壓力鍋插好電，然後將櫥子裡的碗拿出來，方便小朋友擺餐具。就算只採取了其中一個行動，都能替你從忙碌的備餐過程中減輕一些負擔。

要是你有餘裕把上述行動都做好呢？好了好了，天使都要為你唱歌了。

### ▼先處理好常見的料理環節

假如你的家人吃飯配很多菜，儘管煮一大鍋吧，基本上都會一掃而空。這餐如果沒吃完，就冷凍起來。另外像是洗好蔬菜、拿出切菜板或把特價買來的雞肉調味好之類的環節，都可以先做。無論晚餐吃什麼，這些步驟都可以讓之後做晚餐輕鬆一點。

### ▼羅列採買清單

你是不是常常有到了店裡卻總是漏買某些東西的經驗？先列好清單，就能把需要的食材雜貨買齊，之後做晚餐也會變得輕鬆一點。

不妨在冰箱上掛個小白板，想到需要醬油就把「醬油」寫在白板上，這樣之後就能輕鬆列出採買清單。等你準備要去店裡採買時，也不必費事把白板上寫的內容謄到紙上，只要用手機拍起來就可以出門了。把採買清單列好，做晚餐這件事就更容易解決了。

我可以用整本書來回答晚餐的神奇問題，不過我還是放過各位，別再用我這些天才烹飪點子轟炸你了，只要你知道一切都可以在你的掌握之下！

## 神奇問題案例分析三：洗衣服

### 我現在可以做什麼讓之後洗衣服輕鬆一點？

說到洗衣服啊，我的老天。一次洗一堆會要了我們的命，不過神奇的問題可以伸出援手。

你可以買幾個洗衣籃，方便即時做好衣物分類。再來就是教導孩子如何把褲子從腳踝那裡拉下來，而不是直接往下脫，好像在進行什麼惡搞儀式似的，如此一來，你就不必老是跟反面褲管和「麥塊」圖案的內衣褲周旋了。

「懶惰天才集錦」（Lazy Genius Collective）部落格的讀者曾經分享說，她用網眼洗衣袋來裝孩子們的襪子。這個袋子就掛在洗衣籃旁邊，孩子們會把髒襪子都丟進去，然後襪子連同袋子一起進洗衣機和烘乾機，之後要把同一雙襪子配對就輕鬆多了。

就連挑個週間的日子來洗很多衣服也是不錯的辦法。假如一個決定可以減少之後的麻煩，就去做吧，即使這個決定就像「我要在週三洗衣服」這麼簡單。

## 神奇問題案例分析四：度完假回到家

### 我現在可以做什麼讓之後度完假回到家輕鬆一點？

度完假回到家的感覺總是很美好，就跟我們對旅行的熱愛一樣——除非這個家因為出門前瘋狂打包行李而搞得一片狼藉。以下幾種做法，可以讓度假後回到家的感覺更愉快一點。

**▼出門前先收拾好家裡**

如果整潔的家可以讓你心情平靜，不妨在出門前先整理好家裡，那麼回家就會是一件很輕鬆的事。把孩子們叫去院子裡玩，也可以找另一半或你某個比較負責任的兄弟姊妹，授權他帶孩子們去吃個甜甜圈當早餐，要不然就把孩子們送進休旅車裡面綁好安全帶，趕緊趁出發前花上幾分鐘，把家裡重新整頓好。不管把孩子弄出屋外要花什麼代價，放手去做，盡快整理好家裡，這樣度完假回到家才會平平靜靜。

**▼回到家之前先計劃好晚餐**

度完假之後，家裡很缺食品雜貨，所以最好先知道晚上要吃什麼，回到家才會輕鬆一點。把冰在冷凍庫的食物熱一熱當晚餐，要不就從度假預算裡扣個二十美元叫披薩，或趁著開車回家的路上想個簡便的做法。

除此之外，你還可以針對度假回來的時間，選擇食材配送服務或安排雜貨取貨服務。假如度完假之後你為晚餐問題傷神，就用神奇的問題來對付。

### ▼立刻打開行李

度假後回到家有一個壓力來源，那就是把行李打開整理所花的時間，彷彿就跟出門去玩的時間一樣長。因此，最好馬上就將行李箱裡的東西全部取出來，才能讓回家變得輕鬆一點。整理行李花的時間其實比你想像得短，也會讓家裡平靜無波。

有個小撇步可以讓之後打開行李整理東西時更輕鬆，那就是度假期間就先把所有髒衣物集中收在一處，比方說用個枕頭套或預備行李箱來裝大家的髒衣服，等你們回到家之後，堆積如山的行李就不用再分類才能把每一隻襪子都找出來洗。

## 如何用神奇問題對任何事施展懶惰天才法

希望你已經看到其中的模式了。如果你起初因為覺得如何讓之後的生活輕鬆一點是個太廣泛的問題，再加上你早上那杯咖啡也喝光了，所以對這個問題想不出個所以然，別擔心，只要把問題裡的關鍵字換成你目前碰到的情況就成了，如此一來這個神奇問題就會變得非常具體明確。

不過，小心別把神奇問題搞得太複雜。由於神奇問題對於改變生活具有奇效，以致於你可能會忍不住把它用在每一件事上，但可惜的是，這樣做恐怕會讓你重新回到疲憊不堪的天才機器人狀態。最好盡量讓事情簡單一點。

舉例來說，我喜歡每天早上喝咖啡的儀式，不過磨咖啡豆的聲音太大，可能我還沒準備好跟孩子們講話就會先把他們吵醒。那麼，我現在可以做什麼讓之後早晨喝咖啡的時光輕鬆一點（還有安靜一點）呢？我可以前一晚就把咖啡豆磨好。*我甚至先把煮水壺裝好水，這個點子對於早上剛醒來還半夢半醒、動作慢吞吞的我來說還不賴。

然而，有好一陣子，我會把煮咖啡要用到的東西全都先拿出來擺好，譬如馬克杯、湯匙、糖罐——鮮奶油除外，因為鮮奶油整晚在冰箱外過夜可不好。說起來，睡覺前把我隔天早上要喝的咖啡做好全套準備並不是什麼大事，但實在沒這個必要。早上拿支湯匙又不難，而且去拿冰箱的鮮奶油時就能順便拿。其實，在天還沒全亮的早晨慢慢進行我的咖啡儀式，這對我來說是一種樂趣，沒想到只是為了想先做好準備就不小心剝奪了這份樂趣。

除非這件事情有合情合理的理由才去做：適合才做，不適合就跳過，別把事情弄得太複雜。

> 神奇的問題既簡單又有效果，一定會成為懶惰天才這把瑞士刀當中最受歡迎的工具。

神奇的問題既簡單又有效果，一定會成為懶惰天才這把瑞士刀當中最受歡迎的工具。一個問題搭配一個答案，照理說效果應該很有限，但它偏偏具有強大的效用。骨牌效應一旦出現，你得到的回報將源源不絕。

## 神奇的問題範例

- 我現在可以做什麼讓之後吸地板灰塵時輕鬆一點？全家總動員花一分鐘時間收拾地板上的東西，然後從櫃子裡拿出吸塵器。
- 我現在可以做什麼讓之後寫部落格文章時輕鬆一點？先錄音記下構想，將電腦放在廚房桌面上，等我準備好就可以開始寫。
- 我現在可以做什麼讓之後採買雜貨輕鬆一點？把環保購物袋放在門邊，並且在購物清單上插上一支筆，隨時把已經買好的東西劃掉。
- 我現在可以做什麼讓之後用冷凍庫食物當晚餐輕鬆一點？把每一袋食物標示清楚，就不用花時間去猜袋子裡面裝什麼。
- 我現在可以做什麼讓之後哄孩子上床輕鬆一點？先把孩子們心愛的玩偶全部找出來，然後再去刷牙，等到說完睡前故事就不必找玩偶找到抓狂了。
- 我現在可以做什麼讓之後付帳單輕鬆一點？找個籃子特別放有時效性的郵件，並且用手機設定鬧鐘，提醒自己每兩週把這些信件檢查一遍。

* 我那位對咖啡百般挑剔——我真正的意思是狂熱啦——的繼兄要是知道我沒有在煮咖啡前才磨豆子，大概會很傷心。路克（Luke），至少我沒有喝即溶咖啡呀，對我網開一面吧！

- 我現在可以做什麼讓之後做午餐輕鬆一點？利用冰箱收納格來放三明治的食材，這樣就不用一直翻找萵苣和乳酪。
- 我現在可以做什麼讓之後挑食譜輕鬆一點？把新食譜書翻閱一遍，用紙膠帶把很想試做的食譜貼起來，碰到需要挑食譜的時候，就用這些已經做標示的食譜。
- 我現在可以做什麼讓之後的公路旅行輕鬆一點？下載Along the Way之類的應用程式，就能輕鬆找到餐廳、洗手間，還有可以娛樂一下暴躁小孩的地方。
- 我現在可以做什麼讓之後送小孩出門上學更輕鬆一點？前一天晚上先把他們隔天的午餐做好。
- 我現在可以做什麼讓之後準備孩子的生日派對輕鬆一點？現在先把餅乾的麵團球做好冷凍起來，到了派對當天只要把東西拿出來烤一烤就行了。
- 我現在可以做什麼讓之後準備第一次感恩節大餐時輕鬆一點？把這一點銘記在心：我的價值並非取決於我做的火雞有沒有比繼母做的好吃。
- 我現在可以做什麼讓之後在雅帝（Aldi）超市採買時輕鬆一點？放一枚二十分硬幣在方向盤旁邊的那個小洞裡，鎖好購物車之後記得把退回的硬幣放回原來的小洞。
- 我現在可以做什麼讓之後帶孩子看牙醫輕鬆一點？把星巴克點數省下來，兌換大杯雙份濃縮咖啡加經典糖漿與鮮奶油，不加牛奶。感謝主，星巴克有得來速。

### ▼本章重點

- 問自己：「我現在可以做什麼讓之後的生活輕鬆一點？」
- 在狀況變得危急之前，先處理最必要的事情。
- 神奇問題夠具體明確，基本上能把所有事情懶惰天才化。

**——跨出一小步——**

接下來要處理什麼事？問自己神奇的問題，看看會有什麼效果。

你一定很想把「每一件事」弄得輕鬆一點，對吧？神奇的問題固然具有強效，但無法修正所有事情。接下來要探討的就是，當你的人生季節走到難熬的階段，該如何以懶惰天才之姿過日子。

— 懶惰天才守則四 —

# 順著季節生活

大兒子兩歲過後，我的第二個寶貝來到世上，我對那段日子的記憶可以說是零。*我整個人累到智商降低，整天渾渾噩噩地攪和在髒衣服和烤盤食物裡，我也很確定自己身上有嬰兒吐奶的酸臭味，始終散不掉。那段時間的點點滴滴集結成一團模糊，最後化為一大段精疲力竭的回憶。

我不喜歡那一段人生季節，想到這種日子終會結束我就開心。事實上，我還記得當時鬱悶的我就像亞瑟王的騎士那樣，曾發誓絕對不要再生了，這樣就絕對不會再踏入同樣的季節。我喜歡小嬰兒的存在，喜歡他們帶來的至喜，但是就孩子的每一個成長階段來講，我最不愛的就是「嬰兒階段」，而在這個負面的排行榜上，「學步期」位居第二名，然後這兩個階段又連在一起！

就這樣，我絕對不生了。

這也是為什麼過了四年之後，我站在自由搏擊運動館那間髒兮兮的衛浴裡，對著驗孕棒小便，並經過可怕的十秒之後，看到驗孕棒上的數位信號用我見過最大又最粗的超級大寫寫著「懷孕」時，我會精神崩潰到極點。**那間不祥的衛浴有一張長板凳，我看到驗孕結果之後癱坐在上面久久動不了。

當時差不多是可以把我家老二送去幼兒園的階段，我很快就能完全獨處，到時候每天會有大把時間任我運用。我腦海裡已經有了一些計畫，意外懷孕的消息根本打亂了我的計畫。我本以為

---

* 抱歉，我親愛的班，老二的宿命一直沒變過。

** 是的，我也知道在自由搏擊運動館驗孕是相當詭異的事，如果早知道是陽性，我當然會挑其他更適合的地方驗孕。

我的「小嬰兒季節」已經結束了，沒想到事與願違，真是讓我心力交瘁。*

## 希望人生有所不同的罪惡感

順著季節生活並不是簡單的事情，因為每個人的季節都不一樣。你跟教堂的朋友、職場的同事或網路上看到的女人擁有不一樣的個性和渴望，因此當你誠實面對目前季節帶給你的煎熬感受時，就等於敞開門去冒犯別人，無視於別人在他們自身季節裡所受的煎熬。

懷孕的事讓我覺得心情低落，為此我深感自責。對許多人來說懷孕是一種恩賜，我怎麼可以視之為損失而悲嘆不已？我良心何在，竟然把我因懷孕傷感的心情，講給那些渴望擁有孩子或曾經流過產，或者是孩子死於癌症或任何其他可怕原因的親朋好友聽？

光是這樣就足以讓你閉上嘴巴，把你對季節的憤恨不平藏在心裡。

這就是為什麼像懶惰天才一樣思考非常重要。你有權渴望別人不渴望的事情，你也有權對一些能讓別人歡喜的事情感到掙扎。你有權去在乎你重視的事

你有權渴望別人不渴望的事情，你也有權對一些能讓別人歡喜的事情感到掙扎。你有權去在乎你重視的事情，即便這些事情對別人來說無足輕重，而在這種張力之下，我們大家都可以滿懷愛意又慈悲地共存。

情，即便這些事情對別人來說無足輕重，而在這種張力之下，我們大家都可以滿懷愛意又慈悲地共存。

當你歷經一段艱難的人生季節時，若是不能具體指出重要與不重要的事情是什麼，那麼關於你的季節「應該是何模樣」的各種觀點和期待，勢必會化為你難以承受的重量。舉例來說，工作就是一種特權，有不少其他父母就很高興可以不必整天顧孩子。不過待在家也是特權，同樣也有很多其他父母喜歡在家陪伴孩子。

如果不能找出你真正重視的事情，季節所帶來的煎熬就會變得更強烈、更沉重。除此之外，你也會被別人的期望所擺布，要不就是把自己的季節硬塞入另一種季節的框框裡，要不就是全都抽離。換言之，你最後不是努力過頭，就是乾脆放棄。

## 希望人生有所不同的兩個極端走向

假如你正身處一個艱鉅的人生季節裡，你大概會有想退出的念頭。

也許你一直渴望能出現與現況完全相反的事情，但等得厭煩了，而這種渴望所造成的罪惡感

---

* 安妮，我愛你愛到心碎，我們家沒有你不行。你現在還不識字，但等你看得懂這一段的時候就會知道，我們愛死你了。也許有一天當你發現自己懷孕時，會有一種不知如何是好的莫名感受，別因為這樣就有罪惡感，一點點都不需要。我親愛的女兒，愛與困惑可以同時存在，你一定會沒事的。

又壓在你的心頭，搞得你筋疲力竭。比方說，你碰到的煎熬是你討厭現在這份工作、照顧孩子好累，或者是銀行戶頭沒有半毛錢了。又或許你苦等另一半的出現，苦等這一段婚姻結束，或苦等收養程序最終能通過。

眼前的處境讓你有挫敗感，這是真實的，而且再正常不過，但如果你習慣性往外觀望，不去順應當下的處境，那麼不滿的情緒便會熱切地在你耳邊叨叨唸著以下話語：

永遠都不會改變的。

根本沒有出路。

這種日子你哪有辦法再撐一天？

用懶惰看待這些問題的話，答案就是「抽離」，任由眼前這一刻自由發展。換句話說，你不讓自己有悲嘆的機會，也不去管當中有什麼人生教訓，只是把頭埋得低低的。沒有人想眼睜睜看著艱辛的季節，然後決定「我要一直這麼悲慘直到它結束為止」，但是你在抽離的過程中，還是做了這樣的選擇。放棄與懷抱希望這兩者之間的拉鋸好像激烈得令人難以承受，所以你乾脆關機。

用天才來看待的話，解決的方法就是強迫眼前這個季節變成另一種季節。你討厭改變，也不喜歡放手，於是你沉湎於過去，要求目前的季節符合過去的樣子，或變成別種模樣。也許你滿懷善意，懷孕的你不想讓孩子的誕生影響你和丈夫的關係。**我們還是我們呀**，你暗自宣告。你說的一點都沒錯，但現在的「我們」還要加上肚裡的孩子；生養孩子本來就會為生活帶來翻天覆地的改變。

你該拿這種情況怎麼辦呢？不管是煎熬的季節，還是一段拖得很長、事與願違的人生，抑或未曾預料到的改變，全都會衍生壓力，你該如何處理這種壓力？

所幸不是只有徹底抽離或努力反抗這些方法。

你可以用另一種解決方法：順著季節生活的懶惰天才之道。

## 情況不會永遠如此，但它現在確實就是如此

順著你的季節生活並不是要你粉飾太平，假裝一切都沒事，當然也不是要你用「上帝自有安排」、「祂只會給你挺得過去的考驗」，抑或其他會出現在問候卡上面的空洞言語來安慰自己。

順著季節生活也不是要你努力改變一切，設法讓目前的處境轉變成你心目中想要的樣子。

所謂順著季節生活的意思是指，給你的挫敗感一個可以舒緩的空間，而不是讓它來操控你。

經常有部落格讀者和podcast聽眾留言，希望我能針對他們的特定情況提供一些建議，我發現這些情況多半都跟他們目前的處境有密切關係。舉個例子來說，有一位媽媽問我，她的兩個孩子參加不同棒球隊，常常要出門比賽，有時候甚至要到晚上八點以後才會回到家，她希望全家人可以好好坐下來一起吃頓晚餐，有什麼訣竅可以解決這個問題。

我是怎麼回答的呢？此刻並不是一個適合這種願望的季節，不如就接受難以團聚用餐的失望吧，為可惜全家無法圍坐在桌邊感嘆一番也沒關係，別試圖強迫眼前這個新季節回復到舊日的美好時光。

另一位讀者碰到的問題是，她快受不了照顧小小孩了。這位媽媽有一個兩歲大的孩子和一個兩個月大的嬰兒，她想不通，忙了一整天之後怎麼可能還有動力做晚餐，洗好一大堆衣服，或跟丈夫來個成熟的對話。她在留言中寫道：「我不知道發生什麼事，也不知道該怎麼修正。」其實就是人生的新季節報到了，這種事沒有修正的辦法，因為這位媽媽沒有做錯任何事。

所謂順著季節生活的意思是指，給你的挫敗感一個可以舒緩的空間，而不是讓它來操控你。

你也沒有做錯任何事。情況不會永遠如此，但既然現在確實就是如此，你可以學習順著季節生活，讓它來給你一些啟發。

## 做好下一件對的事

當你順著自己的季節生活時，應該敞開心胸，對自己的感受誠實以對，並樂於從你的所見所聞中學習。觀察你眼前的事物，別再設法超前一步去看更遠的地方。

艾蜜莉．弗利曼指出，人應該用愛去做好下一件對的事*，我也要告訴各位，「順著你的季節生活」就是威力最強大的箴言。

別深陷在過去的種種或未來的各種可能性，就從你眼前這一刻跨出一小步吧！

做好下一件對的事，找出內心下一個真實的想法。先把一堆衣服洗好，別去埋怨還有另外六堆要洗。將廚房的一個流理檯桌面擦乾淨就好，打開窗戶，打電話給朋友（朋友一接起電話就馬上告訴她大家都很好，因為這年頭要是有朋友來電，我們都以為是不是有人過世了）。

從小處著手。

當然，艱辛的人生季節不會永遠如此，但既然現在確實就是如此，不妨暫停片刻。先覺察你的處境，體恤一下自己，別強迫自己轉換成比較愉快的情緒狀態或者不理會你的渴望。把你碰到的人生季節當作一種邀請；邀請你做一個平凡人，邀請你找出你最重視的事情，也邀請你鞏固自己的本性。

你不必害怕碰到壓力或悲傷。事情脫序的時候，也不必恐慌。走到一個看似需要你付出很多的人生季節時，也不必逃走。與你的悲傷同在，但別讓它對你的決定指手劃腳，這便是應對重要的事情時當個天才的具體實踐。

順著季節生活，你就會明白所有的開頭、結束和中間過程，全都值得你去關注和仁慈以對，不必匆匆忙忙走過。

只要做好下一件對的事就行了。

---

＊艾蜜莉．弗利曼根據這個主題寫了一本書叫做《下一件對的事》，這本仁慈、睿智的著作可以說是《丟掉你的那些無關緊要》的前輩之作。

就像美國國寶羅傑斯先生（Mister Rogers）曾說過的一句話：「往往你以為已經走到盡頭的時候，其實是另一段旅程的開始。」

也許在你的另一段旅程上，你的本性會成長得愈來愈強壯，只要你一次一個季節好好地過。

## 向大自然的季節學習

我在三月中寫下這些字句，正是春天聲勢浩大、輝煌得意之際。我和朋友昨晚才聊到，感覺空氣中彷彿突然有什麼在蠢蠢欲動。我們兩個本來就是會定期打掃、簡化居家環境的人，然而這種時候我們還是忍不住想打開所有窗戶，拿出Pine-Sol清潔劑來個大掃除。春天大駕光臨。

一年四季就像人生的季節一樣，營造了我們沒得選擇又仍然必須承受的感覺。也就是說，少了夏天以及充滿照顧新生兒壓力的人生季節我樂得輕鬆，但我沒得選擇，還是得度過這些季節。

假如活在人生季節的當下讓你覺得好像在捕風一樣困難，不妨實地向一年四季學習，好好感受天氣、植物和節日的韻律。不用多久你就會發現，擁抱大自然的節奏能賦予你靈感去接納人生季節，無論你現在走到了何種處境。

## 春天

春天來臨的時候，處處都是新的開始和新生命。白天愈來愈長，陽光更加耀眼，你會在此時注意到一些冬日裡忽略的東西，比方說電視櫃上的那一層灰塵。

你身上的穿著漸漸從厚重轉換成輕薄，讓你珍惜自己所擁有的東西（對層次的熱愛），然後清掉再也用不到的東西，那多半是你在T.J. Maxx賣場青少年櫃買的東西。

院子的花盛開了，你把原本凌亂的桌面清乾淨，挪出空間擺一瓶雛菊。鳥兒在窗緣拍著翅膀，想找個穩當的位置築巢，這時你也發現自己經常往屋外看去，貪看葉子、天空和山雀它們簡單樸素的美。

春天自然而然地鼓舞著新生命，無論這個新生命是在樹上還是鳥巢裡，不管是在你的衣櫥還是你的心靈裡。徜徉在春天捎來的希望裡，看看它要教導你什麼吧！

## 夏天

在我最不愛的季節排行榜中，夏天毫無疑問是第一名。到了夏天就得應付修毛、晒黑、蚊蟲叮咬……饒了我吧！

不過夏天還是有優點的，最顯著的好處就是提醒你，這是一個盡情玩樂、可以慢慢享受的季節。即便你已經步入社會，每天朝九晚五，不再有暑假可以休息，但是夏天的空氣裡依然帶著玩樂的氣氛。你可以趁著夏天重新溫習花一整天泡在水裡或待在公園是什麼感覺。這個玩樂的時節，肚子餓了才吃飯，不必看時鐘顧三餐。你有機會造訪沒去過的地方，就像學走路的孩子一樣，每個地方都想去走走看。

到了夏天，你也會比較想邀請別人來家裡坐坐，比方說下班後邀朋友到你家吃個漢堡、喝瓶啤酒。你每天都想吃冰棒，也會想起檸檬汁有多美味。一聞到防晒乳的味道，你的腦海瞬間回到兒時在海邊嬉戲的情景，幫孩子塗防晒時，你試著不要因為他扭來扭去就對他大吼。

夏天提醒我們常規有它令人著迷之處，還有我們其實也不能沒有夏天。徜徉在夏天送來的悠閒裡，看看它可以教導你什麼吧！

## 秋天

秋高氣爽的季節讓人想起一束束可愛的削尖鉛筆，這也是重整常規、佳節一個接著一個來到的季節。一般大眾最愛秋天，因為這種時候大家可以戴上圍巾、穿上靴子，再喝杯南瓜拿鐵。

我雖然跟旁人一樣喜歡換季，不管是天氣還是穿著，但是到了秋天我會有莫名的壓力。這個時節，每一件事物都需要你的關注，會頓時讓你的脖子再次感到緊繃。從悠閒步調的夏天來到行程滿檔的秋天之後，很快就會出現忙到喘不過氣來的感覺。

然而，我們若是特別留心的話，就可以體會到每一個季節要傳授給我們的道理，而秋天正是一個從行程表和待辦事項當中，決定哪些事情最為重要的絕佳時機。你不可能什麼事都去做，應該有所選擇才對。利用季節的自然節奏，給自己一個機會放掉那些困住你的事情，這樣你才有心力在應對真正重要的事情時當個天才。*

徜徉在秋天的狂熱裡，看看它可以教導你什麼吧！

## 冬天

冬天有兩面。

一面是「聖誕節前的冬天」，既歡快又耀眼，處處都是禮物和承諾。這個時節適合跟朋友出去晃晃，烤烤餅乾，看《布偶聖誕頌》(*The Muppet Christmas Carol*) 這部電影第七遍……當然囉，這段日子會很忙碌，但也樂趣無窮，十分值得。

另一面則是「聖誕節過後的冬天」。冰封的寒意、被退回的聖誕禮物，再加上新年立下的決心如今已然蒙塵又無望實現，進而引發的罪惡感，現在全都化為一種枯燥厭煩的氛圍，驅逐了原有的閃亮耀眼。

* 秋天也是把碗裡的東西吃得一乾二淨，還有學做麵包的絕佳時機。這不是規定，純粹只是一個當季的建議，如果你感興趣的話。

你可以敞開雙臂，接納冬天的這兩個面向，並從中學習。令人雀躍的佳節提醒了你家庭和傳統的神聖、歡慶的美好和聖誕音樂的至美。而遙遙相對的那一面所具有的平靜，是你在歡慶過後最需要的東西。請接納這份靜謐與黑暗，將之視為一種恩典，讓你能夠放慢步調，早點歇息，好好享受穿著拖鞋和睡袍、手裡握著馬克杯那種溫暖又圓滿的感覺。盡情感受冬天所賦予的一切，這樣等到春天再一次降臨時，你就會對它心存更大的感恩。

徜徉在冬天的兩面反差之間，看看它可以教導你什麼吧！

## 人生季節大過於你

當你渴望一個有意義的人生季節，或希望這個季節來得美好愉快，大自然會由衷地給予提醒和節奏，但不會給你解答和精確的計畫。春夏秋冬的演替不但能讓你想起當前的處境，也會提醒你現況不等於人生的全部。

我一直試圖建立一個機制，幫助自己度過充滿挑戰的人生季節，然而大自然會提醒我：**老兄，我一直在生死之間循環了好長一段時間，變動這種東西我很了解，所以我們就一起活在當下吧。**

旭日東升。

雪花飄落。

寶貝開始上幼兒園。

父母撒手人寰。

工作調動比你預期得早。

那個曾把你視為全世界的孩子現在跟你沒什麼話聊了。

牽起你的手步上紅毯的丈夫如今變心了。

我無意讓各位傷感，不過人生確實苦澀。你會受傷、疲憊，身上有著不為人知的故事，就像我一樣，那位在目標百貨碰到的漂亮陌生人也不例外。

你或許也會忍不住把自己的處境視為天大地大的事，忘了自己的內心和周遭所發生的種種，不管你有沒有注意到這一點。你把愈多心思放在你的季節所缺乏的東西上面，你就愈容易陷入絕望、比較、怨恨，並感到傷心失望，而且也會因此錯過近在眼前的美好。

所以說，活在當下吧！

做好下一件對的事。

敞開雙臂，順著你現在所處的季節生活，你便可以收到這個處境要給你的啟發。

我不會說這很容易，這樣說的話是天大的謊言。但是人生季節的力量大過於你，它們來來去去，無時無刻都在邀請你多多展現自己的本性。

做一個懶惰天才並不表示你會愛上每一種季節，但你會打從心底歡迎每一個季節，讓它有機會啟發你。

做一個懶惰天才並不表示你會愛上每一種季節，但你會打從心底歡迎每一個季節，讓它有機會啟發你。

## 你的季節視角

假如送孩子們去棒球隊練習的路上，媽媽把此刻混亂的生活季節當作損失來看待，當作一種造成「事與願違」的肇因，她想必會心情大壞、充滿怨懟，恨不得孩子改玩西洋棋。但她若是認知到自己心煩意亂純粹是因為碰上了這個人生季節，然後試著去接納季節對她的啟發，那麼她看待情況的視角就會有所轉變。

這位媽媽會明白，現在不是圍坐在餐桌吃晚餐的季節，而是趁球賽空檔坐在休旅車後車廂野餐的季節，是全家一起吃早餐的季節，也是趕路上學這種新生活節奏的季節。這種情況不是理想狀態，但理想並不是目標。

追著理想跑，會迫使你往兩種方向而去，要不就是認為目前所處的季節不順利而再加把勁努力，要不就是覺得永遠都不夠好便乾脆放棄。其實，只要順著自己的季節生活，隨遇而安就好。也就是說，無論你現在處於何種困境，不管是照顧新生兒、找工作、隨時待命接送你那位極有天分的女兒去上體操課，還是只是等著排在你前面的那位女士找足零錢這種小事，請「隨遇而安」吧！張開雙臂，接納周遭發生的

> 追著理想跑，會迫使你往兩種方向而去，要不就是認為目前所處的季節不順利而再加把勁努力，要不就是覺得永遠都不夠好便乾脆放棄。其實，只要順著自己的季節生活，隨遇而安就好。

事情，別假定現在的生活就是你後半輩子的生活。

春夏秋冬會更迭，你的季節也是如此。

## ▼本章重點

- 你可以在乎你重視的事情，不必因此有罪惡感。
- 做好下一件對的事。
- 要是能順著季節生活，隨遇而安，那麼人生碰上的季節就跟大自然的春夏秋冬一樣可以帶給你啟發。

### ——跨出一小步——

往窗外看，看看地面，望向天空，留意此時此刻季節想教你什麼。我明白這個建議聽起來實在煩人，但更煩人的是，這樣做真的有效。

當你學習順著自己的季節生活時，懶惰天才的瑞士刀當中，有一個最有用的工具可以助你一臂之力，那就是常規。在行事曆滿檔、內心風風雨雨之時，每天若有常規作為後盾，提醒你別忘了真正重要的事情，一定會讓你有如吃了定心丸一般。下一章會告訴各位如何訂立常規。

— 懶惰天才守則五 —

# 訂立適當的常規

小學四年級那年，我的生活掀起滔天巨浪。

第一波巨浪：我父母離婚了。我從小就看著母親努力與父親相處，但父親經常離家，一走就是好幾個月，有時候甚至好幾年。我小學四年級時，他在外生活兩年之後終於正式離棄我們。

第二波巨浪：我母親和一年前認識的朋友訂婚了。這位朋友現在已經當了我的繼父二十年，他真的是個很棒的人，不過當年我把他當作試圖取代我父親位置的傢伙看待。

第三波巨浪：我離開了學校。原本我念的是一所小教會學校，而且拿了好幾年的獎學金，不過三年級快結束時，獎學金用完了，所以母親決定讓我在家自學，除了因為我們負擔不起學費，最大的原因在於她可以趁這個機會陪我熬過這段艱辛的過渡期。

每個人應付巨變的方式不同，而我最愛的做法就是讓所有事情井然有序，這樣說各位應該更明白我的意思。我認為只要自己能控制的東西愈多，就愈有安全感。

起初，自學這件事讓我十分煩躁，母親知道我需要熬過這段過渡期，所以讓我自己作主。我幫忙挑選自己的教科書，自己把作業清單列出來，每天做完作業後就打勾，也可以自己決定午餐休息時間。我太喜歡這種自己作主的方式了。

每天同一時間坐在同樣的位置研讀同樣的筆記，一邊吃著同樣的午餐一邊觀賞同樣的影片*，這

---

* 我每天都會看某一集的《校園搖滾》（*Kids Incorporated*），那是從迪士尼頻道有線臺的免費試播片轉錄到VHS影帶上的，而午餐則吃香蕉和美乃滋三明治、小胡蘿蔔和Pop-Tart巧克力軟糖餅乾。我的朋友，畢竟吃飯皇帝大呀！

種規律對我來說好像生病吃了藥一樣有效。那段日子「有依有靠」的感覺提醒我——我沒事。

這便是常規的恩典，你因此有了一片溫柔之地可以依靠。

## 訂立常規的真正用意

也許你迫切需要一些常規來控制某些場面，這樣也很好，畢竟失控的感覺一點也不好玩，想跟這種心情保持安全距離也是人之常情。

不過，在設法控制場面的過程中，很有可能你得到的並非安全距離，而是疲憊不堪的感覺，這是必須要特別留意的地方。也就是說，你試圖在設立常規時當個天才，以便讓常規（和你本身）一板一眼、自動照章行事。但此時你精心安排的常規若是不能貫徹執行的話，就會出現天好像要塌下來、粉碎一切的感受，結果你又落入了同樣的境地——太過於努力。

我想各位讀到這裡大概已經知道，用懶惰的方法處理常規自然就是「乾脆放棄」。那些不接受混亂的虛偽傢伙才需要常規，所以你覺得應該順勢而為。況且，你又是那種喜歡睡到自然醒，沒辦法清晨五點就起床進行晨間常規活動的人，所以基本上任何的常規對你

> 在設法控制場面的過程中，很有可能你得到的並非安全距離，而是疲憊不堪的感覺，這是必須要特別留意的地方。

來說都是免談。

我要再次強調，感謝女神，懶惰天才之道不走這兩種極端路線。別忘了，做一個懶惰天才有權利在乎你重視的事情，而簡單的常規可以幫助你確實做到這一點。

比方說，你覺得平靜的早晨至為緊要，但目前的狀況卻是你一早就忙著餵食家人，你覺得自己得像鯊魚一樣殺出這場混亂才能喝上一杯溫熱的咖啡。又比如得心應手地處理工作對你來說很重要，然而現在除了吉米．法隆（Jimmy Fallon）的影片之外，好像沒有任何東西能讓你全神貫注。又或者，你希望跟家人一起度過平靜的夜晚，可是《公園與遊憩》（*Parks and Recreation*）的重播你才看到一半就倒在沙發上睡著了。吉米．法隆和沙發上的小睡其實都很美好，但如果你想專心工作、晚上好好跟家人相處，就讓常規來幫幫你吧！

你大概以為常規不過就是每天用同樣的順序做著同樣的事情罷了，其實不只如此，常規的用意是把你引導去做另一件事。

## 常規就像入口匝道

晨間常規**引導**你揭開這一天的序幕，放學後的常規則**引導**你和孩子進入砲聲隆隆的戰場，包括解決作業、吃晚餐，還有孩子們跳針似地重複問著「我什麼時候可以看平

> 常規本身並非目的地，而是通往他處的入口匝道。

板」。夜晚的常規**引導**你重新整頓家裡或自己，以便為新的一天做好準備。工作的常規**引導**你啟動不同區域的大腦，進入一種把事情做好的節奏裡。

常規本身並非目的地，而是通往他處的入口匝道。

假如我將孩子的睡前儀式視為目的地，就會變成我替這個常規做事，而不是常規來為我服務。常規一旦主導了一切，那麼孩子就絕對不可以為了看節慶煙火而晚睡，也不能在家族的聖誕派對上賴著不肯走。

但如果常規就只是一個通往特定目的地的入口匝道呢？那麼孩子的睡前常規就能讓他們放鬆，幫助他們入睡，而且也會給他們安全感和被愛的感覺，這些才是真正重要的目的地。

常規一般來講固然有助於我們走在通往重要目的地的路徑上，但能抵達目的地的路徑並非只有常規。比方說，我家孩子可以在開車回家的路上穿著睡衣褲輕鬆入眠，他們只要有家人陪伴，就會充滿安全感並感受到被愛，即便在常規之外，也能擁有很特別的經驗。

諷刺的是，一旦你以常規為準，你最終一定抵達不了重要的目的地。

諷刺的是，一旦你以常規為準，你最終一定抵達不了重要的目的地。

想要訂立適當的常規，首先必須找出你的目的地，以及你重視這個目的地的根本原因。

**精神喊話**

我們對常規這個概念，也就是有目的性的選擇往往有一種彆扭的看法。別人的晨間常規是清晨五點起床讀聖經、做運動，他們做的都是你覺得**你也應該要做**的事，雖然這些事情表面上讓你翻了大白眼，但內心裡卻讓你覺得無地自容。跟一個在半夢半醒之間把鬧鐘按掉或完全無視常規的人比起來，固定執行振奮人心的晨間常規的人不會比較高明，但也不會比較弱。換句話說，你有權利在乎你重視的事情，別人也一樣。

所以請別評斷他人或自己，反而應該為那些活出真我的人喝采，不管他們跟你是不是同路人。

## 從克里斯．漢斯沃身上了解常規這回事

沒有常規的生活跟跳傘差不多，有常規的日子則像衝浪。*

---

* 跳傘和衝浪我都沒做過，因為我這個人懼高又怕水，不過我們就裝作我知道自己在講什麼吧，雖然我對這兩種活動的知識都是從電視和Google看來的。

先說說跳傘，它的過程分為兩部分：「在機艙內」和「在機艙外」。你當然可以在等待跳傘時醞釀情緒，但跳傘的過程是沒有漸進式可言的，不是在機艙裡就是在機艙外，不是等著跳，就是跳出去後尖叫到最高點，若換作實際生活的話，大概就是一個四歲小孩跳到你臉上把你嚇醒的程度。

相對來講，常規就比較像衝浪。

演員克里斯・漢斯沃（Chris Hemsworth）（不用謝）穿著保暖潛水服在衝浪，他跨坐在衝浪板上，深呼吸，耐心地等候下一波浪。當他看到一波浪正在成形，他開始做著同一套動作：先趴在衝浪板上順著海浪的韻律划水，等到浪一捲起他就跳起來站在板子上。

有時候浪太小，他會跌下來。有時候浪很大，他便貼著浪來個很長的滑行。有時候他一個不注意，就被浪推了下去。無論是什麼樣的結果，衝浪最初的流程都是一樣的，為的就是「引導他去做另一件事」。

常規是重複性的預備動作，不是目的地。

請問問自己：**我願意為哪一件事情始終如一地做好準備？哪一個時間點或特定活動會讓我覺得自己好像被推出機艙外？**

你的答案就是需要訂立常規的地方。

## 如何訂立常規

現在你已經很清楚哪些地方需要常規來支援，也了解適用常規的背景，接下來就可以訂立常規了，我們來看看以下幾個步驟。

### ▼一、從小處著手

假如你想在設定常規時當個懶惰天才，請先從你真的可以做到的小地方著手。假如一開始就把常規弄得很龐大，恐怕很難貫徹到底。還記得我充滿雄心壯志的瑜伽計畫完全沒效，可是那個看起來微小至極的下犬式卻發揮了作用嗎？從小處著手就對了。

以學衝浪來說，其實一開始也不是直接在水裡學。衝浪課通常先在沙灘上學起，你得先學會趴著，然後站在衝浪板上習慣那種感覺。一小步接著一小步，都是為了讓你預備好做另一件事。

### ▼二、先單做一小步就好

蓋瑞．凱勒（Gary Keller）和傑伊．巴帕森（Jay Papasan）合著的《成功，從聚焦一件事開始》（*The ONE Thing*）就提到一種所謂的聚焦問題：「我可以做**哪一件事**讓其他事情變得更輕鬆或沒必要去做？」【2】

訂立單一行動的常規，讓其他後續動作變得更輕鬆或沒必要去做，這樣一來即使常規被打斷，你也會覺得自己已經有所準備。事實上，如果第一個行動做得好，可能就沒必要再做十個或二十個其他步驟了。

舉個例子來說，當你坐在辦公桌前準備工作時，倘若你希望更有效率的話，應該有十幾種方法可以助你達成目標，但說不定只要播放某種屬性的音樂就可以讓你著手列出待辦清單，又或者來杯熱咖啡就足以激勵你。

探索看看有哪些做法最值得一試，然後就從這一小步來開始執行你的常規。

## ▼三、把目標銘記在心

只要一談到清單和步驟，往往很容易忘記這些東西並不是重點，利用這些東西為真正重要的事情做好準備才是重點。

常規並不是用來控制環境，或是把你困在電影《今天暫時停止》(*Groundhog Day*)那樣的人生裡*，像主角一樣一直重複過著同一天。常規的目的是為了要提醒你自己重視什麼，以免忙碌的生活讓你忘了這些重點。

我們一起實地來訂立常規如何？就從晨間常規開始吧，因為大多數人都有這樣的常規。

## 晨間常規

早上有什麼事情很重要？即便環境不是很理想，你希望自己的身心醞釀何種能量？不用想太多，只要具體指出來。

接下來，請從小處著手，先選擇一件可以助你達到目標的事情，並且把你的目標牢記在心。

我個人在早晨的「心境」很重要，往往影響我一整天。要是一早就脾氣暴躁、處處不滿或耍孤僻，當天我大概就會停留在這種狀態裡了，接下來不管是做午餐、趕截稿還是採買食物雜貨，我都提不起勁恢復原狀。另外，我要是因為壞情緒而忘了我重視的事情是什麼，那麼芝麻綠豆的小事在我眼裡都會變成難以超越的巨大障礙。

早晨若以正能量揭開一天的序幕，那麼遇到火勢的時候，滅火就像吹熄蠟燭那般簡單；但如果一開始就出現負能量，我便只能用一美元商店買來的水槍去撲滅森林大火了。

一天的開始就要將你重視的事情牢記在心，這是能否成就美好一天的關鍵。

我有一個做法可以讓其他事情變得更輕鬆或沒必要去做，那就是**決定當天要想什麼**。我先前提過我是嗜咖啡如命的金魚腦人，一次可以想很多事情。我的心神除了花在思考晚餐計畫之外，

＊ 我丈夫就是因為這部電影所以迷戀女主角安迪・麥道威爾（Andie MacDowell）很久，實在太可愛了。

也要用來琢磨書籍大綱、某位朋友現在在做什麼，以及正在排隊結帳的那位女士是怎麼想我的；她大概覺得我是個糟糕的母親，因為我開玩笑說把孩子留在停車場。

我的腦袋裡竟然有這麼多想法。我真的想太多了。

有些事情算重要，但很多都是小事，這就是太陽都還沒升起我就已經累了的原因。

大概是從去年開始，我早上起床後會決定當天我可以想什麼，以此來開啟這一天。這種方法聽起來好像很激烈，不過對我的心理健康來說十分有必要。我把腦袋裡的東西評估一番，然後刪除不重要的念頭，比方說別再去想一千則podcast好評中的那一則負評，別再想我的皮膚今天怎麼看起來比昨天老，又或者現在才八月，別急著想感恩節大餐要準備什麼才好，**時候還沒到啊，康卓拉！**另外我也會把真正重要的事情通盤想過後，理出輕重緩急。是的，為下個月教堂辦的婦女靜修活動挑選音樂確實很重要，但比起練習本週日我要在教堂彈奏的曲子，其實沒有那麼緊急。換言之，我只要決定好重要的事情有哪些，以及當天最重要的事情是什麼就好了，至於其他想法，最後自然會輪到它們。

以記住真正重要的事情——不管是我要執行的任務還是內心想法——作為我的晨間常規，可以讓我做好更充分的準備來迎接這一天，無論這一天會以什麼樣貌出現。

經年累月之下，我的晨間常規也增添了一些其他活動，譬如閱讀、伸展、靜靜喝杯熱咖啡，不過無論如何，我從做一件事情開始，就能為接下來的一天做好準備，就算家裡某個特別早起的人打斷我的常規也沒關係。

### 工作卡住時的處理常規

需要休息的時候，我馬上就會知道。有些人可以連續寫作、做諮商或推銷好幾個小時，但我的大腦沒辦法應付這種連續長時間工作的狀態。

我辦公室有一個四十分鐘計時沙漏，每當我在桌前坐下，就會把沙漏倒過來，一直工作到沙子漏完為止，接著再花幾分鐘時間檢查手機訊息。我的專注力通常最容易被Instagram和「要是有人傳緊急訊息給我怎麼辦」的念頭影響，不過我知道四十分鐘不拿手機來滑，自己還是可以做得到的。

檢查完手機之後，我把沙漏轉過來再計時一次，一樣工作到沙子漏完，然後離開辦公室，去做一些活動身軀、有創造力或人際關係方面的事情，大概五或十分鐘左右。有時候我會大放送，三樣事情我都做。

我的辦公室就在教堂裡，我和同事還沒一起工作之前本來就是朋友。通常在十分鐘的休息時間當中，我會在教堂裡散步（活動身軀），也許會邊散步邊聽朋友傳來的語音訊息（人際關係），彈彈鋼琴（創造力），或散步回來時順便跟朋友聊聊天（又是人際關係）。我從這十分鐘的時間補充了所需的能量，讓我能在下一輪的兩次沙漏時間拿出更好的工作表現。

也許你剛進入工作狀態的時候不需要常規，說不定工作到一半時才需要用到。

## 進入工作模式的常規

你我的工作類型應該不一樣，但同樣都需要一條路徑來做好準備，進入工作狀態。該怎麼做準備取決於你，不過如果你可以根據「你問的問題」而不是「你做的事情」來訂立常規的話，就能找到一條輕鬆的路徑幫你啟動工作模式。

每次開始做工作時，先問問自己：**我重視工作的哪一部分？進入工作狀態之後，即便環境不是很理想，我希望自己的身心醞釀何種能量？**接著選一件有利於你進入工作模式的活動。

我個人啟動工作模式的常規，經過這些年來多次的演變發展之後，都已經消失了，絕大部分也是因為工作結束的關係。我進入狀況的方法會隨著工作內容而有所變動，比方說我在沙發上發想每一集podcast內容時會做的常規，就不同於我在辦公桌前寫這本書時所用的常規，這也是我喜歡用懶惰天才法來處理常規的原因。

也就是說，重點不在於每天工作時守著同一套鉅細靡遺的流程。你應該要做的是，問問自己今天的工作哪一部分最重要，然後從小處著手，挑一件最適合讓你進入工作狀態的事情，然後去執行，這**才是**你的常規。你挑選的事情也許可以發揮作用好幾個月，也或許只有當天最有效。常規的影響力往往在你向自己提出這些問題，並貫徹執行所需的活動之後產生，坐在同樣的位置、使用同一支筆未必會有效果。

前文曾提過，音樂有助於人進入工作模式，這個方法也絕對適用於我的工作。有時候再來一杯咖啡、思考一下我正在做的事或點根蠟燭，也能讓我進入狀況，不過無論如何一開始我一定會先聽音樂。

每一種任務適合的音樂屬性不同，在白板前發想時需要泰勒絲（Taylor Swift）歡快的歌曲，深沉的寫作工作必須派歐拉夫．亞諾茲（Ólafur Arnalds）情感沉鬱的鋼琴曲上場。瑣碎但非做不可的電腦作業應該要聽Penny & Sparrow。再次重申，音樂對我當天工作所發揮的影響力才是常規，該放哪種音樂並不是重點，因此無論如何我都會從聽音樂開始。

請依據你的需求來訂立常規，把你對工作最重視的部分牢記在心，然後從一件可以發揮最大影響力的事情做起。

## 夜晚的常規

你重視夜晚的哪些部分？你需要醞釀何種能量？

有時候你可以從夜晚常規做好準備，期待新一天的到來，而有些時候，夜晚常規會幫你記住今天的點點滴滴。

只要從小處著手，把你想做好準備的事情牢記在心，你就會找到你需要的夜晚常規。每天晚上看起來似乎都大同小異，但若是能用懶惰天才法來處理常規，便可針對你眼下重視的事

> 常規的影響力往往在你向自己提出這些問題，並貫徹執行所需的活動之後產生，坐在同樣的位置、使用同一支筆未必會有效果。

情盡情做好準備。

有好幾年，我的夜晚常規唯一要做的就是把家裡的重點區域重新整理一遍。我會把玩具放回籃子裡，將廚房檯面擦乾淨，靠枕放回沙發。做這些事情的時候，我會刻意慢慢來，而不是趕著做完，因為動作的快慢往往會影響到我腦袋運轉的速度。*這種慢慢收拾東西的常規，就是為了要幫助我用一個比較緩慢又用心的開始迎接明天。

目前我的夜晚常規，則是邊聽音樂邊整理家裡，並且走到哪就點根蠟燭享受燭光氣氛。這時如果丈夫已經把孩子送上床，我就會跳過音樂，跟他一起收拾東西，一邊聊聊天。偶爾我甚至會有一點時間在住家附近散散步，對於已經單打獨鬥五小時的我來說這真是個小確幸。做這些事未必能幫助我為隔天做好準備，但是在那個當下卻會深深影響我對自己和家人的感受。

夜晚常規除了可以讓你為明天做好準備，也會提醒你當下最重要的事情是什麼。

## 別人熱衷的事情未必適合你

我寫過不少文章，提到用運動流汗來開啟一天是最美好的做法，不但超級名模這樣做，公司執行長也這麼做，各位或許都讀過了。然而，如果你不是那種一大清早起來做運動的人，該如何是好呢？

別人熱衷的活動，卻是你難以入手之事，這就是很多自我成長書籍讓人洩氣的地方。這些書總是告訴你：「只要做＿＿＿＿＿＿，就可以改變你的人生。」

隨著我的人生歷經各種不同的階段，我也用過各種方法來作為早晨的開始，比方說做有氧運動、喝下超大一杯的檸檬水、寫日記十五分鐘和整理待辦事項等等，這些都是別人信誓旦旦說最適合我開啟一天的做法。

但重點在於，你應該選擇一個最適合你開啟一天的做法。

我喜歡安安靜靜的早晨，不喜歡把自己搞得汗流浹背，既然如此，我為什麼要做有氧運動？

我喜歡喝咖啡，空腹喝水讓我覺得不舒服，既然如此，我為什麼要喝檸檬水？

我的筆跟不上大腦運作的速度，這讓我很挫折，既然如此，我為什麼還要寫日記？

我會騙自己列出待辦事項就是最重要的事情，不去理會腦海裡那個叫自己更加努力的念頭，既然如此，我為什麼還要力求完美，用顏色來做標示和分類？

如果某個活動不能讓你預備好做重要的事情，它就只是雜訊。

你有權利忽略你覺得不重要的事情，別人也有權利去做你不會去做的事，只要他們覺得那些事很重要就好。

＊我很確定我的「護法」是野貓。

訂立常規時請慢慢來。我知道我像跳針一樣重複強調這一點，然而如果你在訂立常規時弄得太龐大、太操之過急，這些常規的效果恐怕會讓你失望。理想狀況是明天就讓神奇的常規開始運作，但常規若是沒能發揮作用，過了數月之後你依然苦無解決之道，這種情況反而遠遠落後每天只做一件事、不做他想的效果。

### ▼本章重點

- 常規本身不是重點，它只是一個入口匝道，有助於你預備好做重要的事情。
- 訂立常規時應從小處著手，單做一件可產生重大影響力的事情，而且時時記住你的目標。
- 你可以為任何活動或某個時間點訂立常規，但務必從你最重視的事情著手，而非先想該用什麼步驟達成目標。

### —跨出一小步—

用懶惰天才的視角來評估你的早晨，檢驗你是否已經準備好做對的事情。如果沒有的話，請選擇一個可以把你推向正確方向的小步驟，然後著手去做。

常規的妙用可以引導你朝著自己的目標前進，但如果你還有其他家人同住，他們怎麼辦呢？如何讓家人也一起加入這種懶惰天才之道？下一章「建立家規」會告訴你解答。

— 懶惰天才守則六 —

# 建立家規

我和丈夫婚前也跟別人一樣會去約會，不過不同的是，我倆把約會做到「一鳴驚人」的程度。我們的第一次約會，他就來參加我妹妹的婚禮，見過我所有的家族親戚。第二次約會，我們就談到婚姻——真的就是**論及婚嫁那種**。到了第三次約會，我就去見他父母了。

我要順便說一句，這種約會方式我不推薦。

我丈夫卡茲（Kaz）*是日本人，第一次去他父母家的路上，他就告訴我進門前先脫鞋是他們的文化。我一走進他們家，還沒脫下靴子之前，完全不敢讓鞋子碰到一點點地毯，就像小朋友假裝在玩地板有岩漿流竄的的遊戲一樣。

你可能沒有跟父母在家不穿鞋的日本人交往過，但也許去過某人家裡，你打破了人家的家規，才知道原來他們家有這樣的規定。那肯定不是什麼有趣的經驗，對吧？

我去過幾個讓我十分戒慎恐懼的家庭，為了不冒犯主人，我一舉一動都小心翼翼。說不定你也有這樣的經驗，第一次拜訪別人家，結果離去時心想：**他們一定不會再邀請我來了。**

當你試圖全面力守自家家規時，表示你基本上很在乎某一件有可能對你影響甚鉅的事情，比方說你的名聲、你家美輪美奐的裝潢，這往往都是你擔心自己不夠好所呈現的不安全感。事實上，大部分的人都想擺脫這種事，也就是說，我們都想活得真實，也希望真實的自己能為人所接納。

另一個極端則是用懶惰態度來處理家規，說穿了其實就是完全沒有任何家規。

懶惰天才的家規就不同了。孩子掉了一塊餅乾在地板上，你不必立刻用塑膠布蓋住沙發，狂奔去拿吸塵器；這簡直就是用保護心態在過日子，而且老天，這種生活也太累了。不過你也不必像住在兄弟會的聯誼會所裡，那裡的每一樣東西都不可靠。

懶惰天才的家規都是很簡單的選擇，可以成全你和家人重視的事情。是的，這些選擇既務實又具體，但不是為了保護居家環境，而是以連結家人情感為目標。

各位的心思我明白，所以我也知道你會選擇哪一種居家生活。接著就來探索家規如何幫助家人之間維繫感情。

## 連結情感大於保護作用

我們都經歷過骨牌快速連環倒，而且還往錯誤方向掃去的經驗。一個選擇就這樣莫名引發了十幾個出乎意料的選擇，所有的一切都瓦解了，我們連從哪裡開始出錯的都搞不清楚。

你碰到這些情況時所展現的反應，往往都是為了保護某樣東西，比方說你剛打掃乾淨的房子、你才洗過但又馬上沾到泥巴的上衣，或者是你本身的理智。這都是自然反應，但沒辦法把你導向有利的方向。

這時你可能就退出了，把自己關機，不管碰到什麼問題都不想多說，覺得每一件事都很討

＊ Kaz的發音是卡茲，而不是凱茲。

厭。也或許你會火冒三丈（順便告訴各位，我就是如此）；混亂一發不可收拾的時候，我會怪孩子笨手笨腳，而不是做個深呼吸，好好告訴自己真正重要的事情是什麼。

碰到這種情況時不妨這樣想，把打翻的牛奶擦乾淨總是比修補一個小二生受傷的內心容易，你會好過很多。

每個人看待混亂的角度不同，不過某些特定情況可能會害你埋怨自己的家怎麼這麼小、你的荷包怎麼這麼扁。也或許你會因為丈夫沒幫上多少忙而感到失望，或是你滑著Instagram看著別人的生活，深陷在比較的情緒之中，更加深了保護心態的發展。

我通常會在這種時候實踐「生氣就吃巧克力」的哲學。

沒錯，我是喜歡井然有序，不過不想因此犧牲了我和家人之間的情感連結，也不願因此苛待了自己，這就是懶惰天才的家規跟那種務必使用杯墊的專制型家規截然不同的地方。你的家規所具備的功能，應該要能夠確保每一張骨牌都站得穩穩的，直到你準備好觸動它們，使它們往你想要的方向倒去，以此來推展這一天的生活，而不是因為孩子忘記把果汁挪開，結果整排骨牌就這樣一路往回倒。

家規的目標是情感連結，而不是保護。

## 如何防止第一張骨牌倒下

一腳踩在樂高積木上不會害我獸性大發，但如果在我清掉沙發上的鼻屎乾，找到一張兩週前就該簽名繳回的學校通知單，以及猛然發現我把一大罐牛奶留在車上好幾個小時之後又讓我踩到樂高積木的話，我百分之百會變身成大怪獸。

該如何找出那第一張骨牌並防止它倒下？請開始觀察你通常什麼時候會想出手保護某樣東西，不顧跟家人的情感連結。哪個時機點你會顯得特別孤僻或經常生氣？你家那位高中生孩子做了什麼讓你焦慮心煩？

目前有哪些地方很容易激怒你，而且會引發你的保護心態，但你又希望可以多花心思去經營並與家人連結，請具體指出來。只要建立家規防止這張會觸動一切的骨牌倒下，你就能讓後續骨牌——也就是你和家人之間的連結——穩穩站好。

懶惰天才從小處著手，一次一個家規就好。讓家人一起遵守這個家規，看看有何效果。

## 沒有一體適用的家規

對我有效的家規未必適合你。每個人對事情的輕重緩急有不一樣的看法，每個人的情緒觸發點也不同，當然每個人跟家人連結情感的方式也有所不同。

因此，我在解說我的家規時，還請特別留意我用什麼方法找出適當的家規，而不是把重點放在家規本身。建議各位先觀察我找出家規的過程，不需要一絲不苟照著我的家規去做。別複製別人的家規，雖然這樣做好像比較安全。你大可信任自己的想法，選擇最適合你的家規。

以下列舉幾個我家的家規供各位參考。

## 放學後的家規

前文曾提過放學後的種種瘋狂情境。在接小孩放學後到晚餐之前這段兩小時的期間內，要完成的活動多到讓人傻眼，很容易就在一瞬間讓我這個做媽媽的變身成綠巨人浩克。

「我現在可以做什麼讓之後放學後輕鬆一點」這個神奇問題幫助我消除了大半的焦慮不安，而答案就是「點心拼盤」。但點心拼盤並非家規，這不是天天都有的東西，也不是唯一能防止骨牌倒下的做法。

我觀察我們家放學後的下午時光好一陣子之後，發現地板上的學用品就是引爆點——即第一張搖晃的骨牌。孩子們以前放學回到家之後，通常會立刻丟下背包和午餐盒，不到兩分鐘我就會不可避免地被這些東西絆倒，感覺自己就像野外等著被掠食的獵物一般，為此我培養了發達的生存本能。

放在地板上的學用品除了啟動我的煩躁反應之外，也會把其他東西都吸引過來。孩子們會在丟下背包和午餐盒的地方，順勢將作業資料夾和學校通知單拿出來，但東西很快就會搞丟，因為這塊地方顯然就跟百慕達三角洲（Bermuda Triangle）差不多。凌亂像磁鐵一樣有吸力，而地板上的凌亂比桌面上的凌亂更令我招架不住（對我的孩子來說則更是誘人）。

走路還搖搖晃晃的小妹這時也會來湊一腳。安妮看到哥哥們丟在那裡的美勞作業，便以為那是她可以拿的東西。她才三歲，地板上的任何東西對三歲小孩來說都是很好玩的玩具。等到哥哥發現她玩的是他的美勞作品，他會因為傷心而尖叫哭泣，這又會引發另一個哥哥也跟著尖叫和哭泣，因為他對別人表露的情緒不知所措。在此同時，安妮把美勞作品撕成兩半，但我還來不及阻止就被另一個書包給絆倒了。

你大概以為我在開玩笑，但這就是我們家下午的日常。可憐的卡茲每次下班回家，就會走進這場情緒風暴中。

請各位猜猜看，我們家的放學後家規是什麼？

**學用品都放在桌面上！學用品都放在桌面上！**

每次放學回家，一走進門我還是必須提醒孩子們好幾次，因為他們還是會忘記，但是高聲高調地嘮叨他們，總是比發生上述狀況要好。

這條家規讓我們的下午日常煥然一新。凌亂的狀況受到控制，作業和學校通知單不會搞丟，我的腳也不會再踢到東西了。安妮還搆不著桌面上的東西，所以她拿不到哥哥們的東西，自然也就折磨不了他們。當然，身為媽媽的我也不用對愚蠢的事情抓狂，變身成可怕的怪獸，可以在放學後好好跟我的孩子們連結。

我們的放學後家規防止了第一張骨牌倒下，所以下午也變得平靜多了，但並非「完全」平靜，畢竟這是不可能的，不過到了晚餐時間我和孩子們之間依然相處愉快的機率大大增加了，這都要歸功於這條簡單的家規。

## 廚房檯面的家規

每一本講居家設計的書以及HGTV居家樂活頻道的節目都說，廚房是家庭的心臟，這八成就是你為何常會覺得自己心臟快停止的原因吧！這個地方是你做所有料理的地方，但應該也放了很多非食物類的東西，比方說郵件或幾袋你要送去二手店的衣服，另外這裡也是最快弄髒的地方，因為**他們居然這麼快又餓了？**

假如廚房的凌亂讓你受不了，你有一種百般無奈的感覺，那麼這種心情十之八九會推倒一整排骨牌。

你大概會覺得很挫敗，因為其他家人對保持乾淨滿不在乎，所以你放棄了。

你在檯面上的一坨花生醬裡找到你最愛的那支筆，這都是因為跟你住在一起的那些人其實是野獸，所以你抓狂了。

你告訴自己這都是你的錯，因為你是個糟糕至極的管家，事情都做不好，接著你就開始用言語苛責大家。

聽起來很戲劇化吧，但沒有一句是假話。芝麻綠豆的小事一轉眼就變成天大地大的事，你也搞不清楚自己為什麼因為廚房凌亂而產生這些情緒。

家規沒辦法讓你忽略這些情緒或幫你控制好廚房與生活；因為它不適用於保護模式。然而，家規是一種可以支援重要事物的工具，防止你走上那條非你所願的不歸路。

假如這條不歸路是因廚房凌亂所導致的挫敗感而起，不妨考慮使用這條家規：**廚房檯面不是倉庫。**

你要是把廚房檯面當作儲藏室或抽屜來用，就會想放東西上去，而且永遠都不會想拿走它，比方說丟在水果盆上的一堆郵件，放在洗碗精旁邊的開罐器，擱在水槽邊的圖書館書籍。

凌亂像磁鐵一樣有吸力，你放愈多東西在廚房檯面上，那裡就會愈來愈凌亂，連帶也會讓你心情變糟。也許你比我更有禪心，不過我個人在脾氣不好或心情煩躁的情況下，就沒辦法跟家人好好連結。雖然不是完全沒辦法，但真的很難。

請儘管使用廚房，但你應該讓廚房為你實現美好的人生。「廚房檯面不是倉庫」這條家規並非要你把廚房打理得像在拍雜誌照或待出售的房屋。**畢竟你是在過生活呀！**但如果你覺得你家廚房用起來跟你想像中差很多，那麼罪魁禍首可能就是凌亂的檯面，這時家規就可以發揮作用。

先審視廚房檯面，留意哪些東西可以放在別處，但還不要動手處理，只要先看過就好。裝香蕉和柳橙的大碗美美地放在桌面上，不過塞滿塑膠袋的塑膠袋就不美了。鍋鏟和夾子放在爐子旁邊的罐子裡也合情合理，可是一堆雜誌也放在那塊地方就顯得莫名其妙。胡椒研磨罐放在流理檯上挺適合的，但如果你必須繞過它前面那罐Pepto-Bismol腸胃藥才拿得到，那就太奇怪了，我「絕對不會」讓這種事發生。*

廚房檯面的功用是為在廚房忙碌的你提供服務，而不是拿來當作開放式廢棄物抽屜使用，這個提醒也許會讓你心情輕鬆一點。當你看到廚房物盡其用，檯面又寬敞時，你也會覺得自己的靈魂更加開闊了。這樣一來，就在今天下午你準備晚餐的時候，你的女兒若是坐在流理檯旁做串珠手環，或許以前的你早就受不了她製造的混亂，但現在你一定不會嫌她煩。

如今，你已經可以用更輕鬆的路徑跟家人連結了。

## 衣櫥的家規

這條家規比較適用於我，而非我家人，不過還是一樣有效。

我覺得最需要保護的區域之一就是我的身體。誠如前文所述，我備有一大堆的行頭來營造自己該有的模樣，而我的穿著正是這整個處理過程中不可或缺的一環。

如果穿著讓我覺得自在，我到了某個空間也會比較輕鬆，進而能夠跟其他人連結，而不是設法隱藏自己或為了自己太占空間——不管是實質上或象徵意義來講——而道歉，用這種方式來保護自己。

然而，多年來對於我的穿著所塑造出來的形象，我並不是很信任自己的眼光，所以總是想聽聽別人的意見，畢竟問問女性朋友她對你這件新褲子有何看法並不是壞事。就許多層面來講，毫不保留地展現自己也是好事。不管是用文字還是在更衣室裡主動秀自己，吸引別人的目光，這對大多數的女人來說，本身就是一種成就。

我的麻煩在於，我比較相信別人的意見，所以總是買了我朋友、我母親和女性雜誌《簡單就是美》(*Real Simple*) 推薦我買的衣服，而不是相信自己的眼光。如果我真心喜歡某件毛衣，但別人覺得不好看，我就不會下手。倘若別人說我穿某件衣服看起來「超級美」，就算我覺得那件衣服好像過度花俏的杯子蛋糕，我還是會掏出錢包買下去。杯子蛋糕服沒什麼不好，但我還是比較喜歡黑色丹寧和休閒條紋。說穿了，當我穿得像賈伯斯（Steve Jobs）那樣時，我才會覺得自在。

可想而知，我的衣櫥滿滿都是不曾穿過的衣服。難道我朋友說某件衣服很好看的時候是在亂說嗎？並非如此，應該說只有我才知道自己實際上會穿哪種衣服。如果我穿了讓我覺得不自在的衣服，我就會有點焦躁，對自己的模樣會變得超級敏感，反而不會把心思放在跟我講話的對象上。

一個裝滿了別人眼光的衣櫥只會讓我進入保護模式，沒辦法讓我與他人連結。

所以你應該也猜到了，我現在有一條衣櫥家規：**不買別人勸我買的衣服。**

---

* 事實上我超級容易做出這種事，這樣擺東西勢必會煮出一鍋失敗的湯。

這條家規適合用在每個想買衣服的人身上嗎？當然不行，這只是我為了防止第一張骨牌倒下而立下的家規而已。

## 情緒負擔少一點的家規

我可能一開始就灌輸太多驢子屹耳（Eeyore）的悲觀能量給各位了，所以接著就來提振一下氣氛！沒錯，家規是有助於防止第一張骨牌倒下，但未必能撫慰你的不安全感。

只要持續將心思放在重要的事情上，那麼某些重要的事情自然就會迎刃而解。

### ▼閱讀的家規

我很喜歡看書，可惜只有五分鐘熱度，為了維持閱讀的動力，我訂立一條家規：**讀完一本書後的二十四小時之內，就開始接著讀下一本**。

假如你讀完書之後喜歡回味一下內容、沉澱心情，那麼這條家規就完全不適合你。我不屬於這種讀者；我個人最愛看反烏托邦小說，這種小說裡面可以看到女主角是個麻煩的英雄人物，故事背景是一個需要被粉碎的父權社會，還有女英雄單戀父權社會的某個人，另外再加上一點魔法或星際武器。這種書通常不會有需要我望著窗外沉思好幾個小時的寓意。

我知道自己看完一本書後的一天內，如果不馬上拿起下一本書來讀的話，閱讀的熱忱就會消退。我喜歡閱讀，比起其他事情，我也願意在這個嗜好上花更多心思，既然如此，我希望能培養一些習慣，來支援我熱愛的這項活動，因為這件事對我來說**非常重要**。

我有一個書架裝滿了我急著想讀的書，我的包包裡也放了Kindle Paperwhite閱讀器，另外還準備了一個工具可以快速便利地記錄我閱讀過的書籍，但我本人需要一條家規來推倒第一張骨牌。

### ▼餐桌上不看手機的家規

好像很多家庭都有這條家規，不過我們家沒有，主要是因為孩子們還沒有手機，另一方面也因為我們吃晚餐時會用視訊軟體FaceTime和爺爺奶奶聯絡感情。

說到這裡，之所以會有餐桌上不看手機的家規，其實也是渴望連結家人情感的緣故。

如果在餐桌上滑手機，就會觸動第一張骨牌，造成吃飯不專心，大家不會花心思關注彼此，而你也會因為大家不講話或保持沉默而火大，並苛責自己不是好家長。

（好吧，這條家規也許也算得上有那麼一點撫慰作用。）

手機本身並不邪惡，但如果這個東西讓人沒辦法專注於重要的事情，比方說餐桌上的閒話家常，不妨考慮立個家規，防止第一張骨牌倒下。

### ▼打掃的家規

混亂也不是壞事。事實上，混亂是生活的痕跡，但是如果是一層又一層的混亂堆疊在一起，就會變成凌亂不堪，讓人受不了，也會有挫敗感。

我們家立有一條打掃的家規，讓人盡可能有目的性地去控制混亂：**製造新的混亂前先把之前的混亂清乾淨**。

舉例來說，我在烤蛋糕之前會先把晚餐留下的杯盤狼藉收拾乾淨。孩子們若是想在客廳地板蓋風火輪（Hot Wheels）軌道，就必須先將他們下午做美勞用的彩色筆收起來。全家人用沙發靠枕布置《極限體能王》（*American Ninja Warrior*）場地之前，得先把洗好的衣服收拾好。

這條簡單的家規以我們重視的事情為依歸——美麗的混亂可以連結家人情感。

### ▼找鑰匙的家規

你不喜歡匆匆忙忙的感覺，你也不喜歡遲到。

要是因為你總是弄丟鑰匙或你家高中生不小心把鑰匙放在他牛仔褲口袋，**結果他現在穿著那條牛仔褲去了別的地方**，導致一整排骨牌連環倒，請建立一條家規：**鑰匙一律放在這個籃子裡**。

家裡每一個人都必須遵守這條規定，每一個人都知道要去哪裡找鑰匙，如此一來，就不會觸動找鑰匙的第一張骨牌，進而撞倒其他骨牌、引發種種挫折，腦袋裡還會出現孩子怎麼這麼不負責任的想法。

## 尋覓家規

你想防止哪一排骨牌倒下？哪些習慣會害你沒辦法把心思放在重要的事情上？先觀察家人之間的連結在哪些地方中斷了，或哪些環節你們忘了彼此連結，然後由此回溯原因。找到那張引發一切的第一張骨牌之後，就可以試著訂立家規。

我必須再次重申，家規並非為了控制場面所用。我們不必把自己培養成禪修機械女戰士，因為混亂會發生，情緒崩潰也會出現。骨牌有倒下的時候，當這一刻發生時，跟家人道歉就好。

不過，與其把這些狀況的發生用「這就是我的作風」來解釋，我們不如選擇一些可以幫助我們成長、讓我們變得更仁慈的家規。透過家規這種務實的途徑，我們得以辨識自己何時會展現出我們自己都不是很喜歡的那個自我，也因此能夠把心思放在真正重要的事情上面。

找出可以用家規的地方，並且邀請家人一起用用看，體驗看看生活變順暢的感覺。

▼**本章重點**

- 家規是為了連結家人情感，而非保護居家環境。家規可以防止第一張骨牌被推倒，免於引發後續的骨牌連環倒。
- 沒有一體適用的家規，所以請選擇最適合你家的家規。
- 家規的目標不是用來控制家裡的狀態，而是預留一個更好的空間來投入你重視的人事物——也就是你的家人。

**——跨出一小步——**

你們家經常吵吵鬧鬧嗎？不妨趁閒聊的時候，全家集思廣益，想出一個簡單的家規，防止挫敗感愈滾愈烈，最後變成爭吵。訂立家規不是你一個人的事，事實上，全家人用團隊合作的方式一起訂家規正是家庭最美好的事情之一。

有一條家規特別值得另闢一章來探討，那就是**物歸原位**。

讓我們看下去吧！

— 懶惰天才守則七 —

# 物歸原位

我私心夢想住在小房子裡。浴缸可以當切菜板用？衣櫥也可以充當冰箱？每一樣東西不是白色就是實木色又美美的？

我要加入。是有那麼一點點想啦……

我是說真的，簡約是我的夢想。

我之所以嚮往住小房子或廂型車，原因就在於不會有凌亂這種事。你擁有的每一樣東西都可以看得一清二楚，東西不見的時候，也知道該去哪裡找，你會愛上小空間形塑出來的限制。

雖然小房子完全不適合我們家，但小房子的天才靈感仍對我有很大的誘惑。我覺得如果我想控制住自己的東西，就有必要完全從零開始，過著東西極少的生活。*

等我有一天體認到，我沒辦法昧著良心賣掉一切好讓自己不必整理衣櫥時，大概會選擇走上懶惰之道，任由失序狀態自由發展。沒有規則，就隨便它去，這樣下去我們最後會不會變成囤物控？

即便做個面面俱到的天才或徹底懶惰有機會讓我家登上實境節目，但這些恐怕都不是理想的長遠計畫。你和我需要一種處理物品的做法，幸運的是，我們確實有辦法。

## 空間的真相

無論你的東西有多少，請用「物歸原位」這條懶惰天才守則來過生活，這表示每一樣東西都「需要」一個去處。

假如你把你家視為有限的空間（確實不是無限延伸的地方），也把你家四面牆以內的所有儲物系統視為有限空間（這些系統確實也不是廣大無邊），那麼這個家的限制是恆久存在的；換句話說，你就只有這麼多的空間可以放東西。

> 不過雜物未必是指你東西太多，而是說你的物品沒有一個去處。只要把物品歸位，在你家有限的空間內好好生活，那麼你們家就會一片平和，而且家裡每一樣東西都是最重要的物品。

你家之所以快讓你受不了，最有可能是因為是它還兼做超巨大雜物抽屜之用。我並不是說你家物品是垃圾，而是說你收納物品的方式好像把它們當垃圾一樣。

如果物品只是隨意堆一堆，塞在各種籃子裡，你並沒有給這些東西真正的去處，讓你可以再次找到它們。

**雜物，真高興見到你啊。**

你碰到雜物的反應大概跟我很像，想放一把火把它們全燒光，畢竟東西那麼多，你也準備好一件都不留。不過雜物未必是指你東西太多，而是說你的物品沒有一個去處。只要把物品歸位，在你

---

＊ 這個道理未必適用於所有選擇住小房子的人，但適合用在我身上。

家有限的空間內好好生活，那麼你們家就會一片平和，而且家裡每一樣東西都是最重要的物品。

你未必得過著極簡派的生活，只要將物品收拾好就行了。

## 為重要的東西騰出空間

我有好幾個書架，因為我的書有好幾百本。我愛書，打從心底喜歡閱讀，所以我為了這些對我而言很重要的書本挪出了空間，這就是把東西歸位的關鍵之處。你的家應該要存放你和家人重視的東西，如果家裡有不重要的東西，那麼這樣東西就會占掉重要物品的空間。

倘若除了書本之外，我還用了其他東西來妝點書架，就像雜誌上那些滿版的精美廣告一樣，那麼我的書架看起來一定美麗有型，但一點用處也沒有。小裝飾品和花瓶會占掉書本的空間，這些書可比精心裝飾的書架重要多了。

假如你像我一樣也喜歡書本的話，也許解決收納問題的方法應該是先清掉那些跟書比起來沒那麼重要的物品，而不是再買一個新書架。擁抱重要的東西，扔掉不重要的東西。

當你在你家固有的空間限制內把每樣東西歸位後，就會清楚看到哪些東西沒有去處，因為它們沒有地方可以落腳。

為重要的物品騰出空間，自然就能清楚看到哪些是不重要的東西。

## 用大垃圾袋清東西的問題

每次只要有人提醒我，我其實可以營造簡單又用心的空間時，我的本能反應就是去拿一卷黑色大垃圾袋，立刻將所有東西都扔進去。我不知道自己開車載著清出的物品去街上那家二手商店的物資捐獻寄放區幾次了，總之數都數不清。

那種感覺我懂。那是一種恨不得重新開始的感覺，但最好是能不用一把火燒掉的方式。你渴望把行程全推掉，拋到九霄雲外，但這只是治標不治本。

黑色大垃圾袋的清理法就跟龐雜的方法一樣，效果頂多也就如此罷了。你是可以馬上就進入一個沒有雜物的生活，但你最後還是會重回半年前那個家裡雜物一大堆的狀態。怎麼會發生這種事？

也許你需要的不是東西少一點，不過你絕對需要更有效的物品收拾**習慣**。

只要每天花心思培養收拾物品的小習慣，你家就會變得更有條有理、更討喜，你甚至搞不清楚這是怎麼辦到的。

要不要加入？現在就來談談收拾物品的習慣。

## 物品收拾習慣一：盡快物歸原位

物品像磁鐵一樣會互相吸引。請相信我，一封擺在桌面上的郵件在五分鐘內必會堆疊成必勝客優惠券「斜塔」。東西會在你不知不覺時愈積愈多，倘若沒有經常將東西歸位，你大概又會想出動垃圾袋或火柴，而這兩種方法都不是我們樂見的解決之道。

盡快將東西歸位，抵銷雜亂的磁性。把第一張骨牌推倒，整個家就能朝著騰出空間給重要物品的方向前進。

從小處著手，儘早做起。舉例來說，早上煮了咖啡之後，就把奶精收好，將湯匙放入水槽或洗碗機。倒好最後一杯咖啡，就馬上清洗咖啡壺。督促孩子倒好穀片之後，就先把盒子收起來，別等大家都趕著出門時才收，又或者過了好幾個小時，你準備做晚飯時才來清理早餐製造的一片狼藉，這是最麻煩的事。一進家門就把郵件放入收納籃，度完假一回到家就把行李打開整理。

我可不打算再踏入面面俱到的機械化生活，但是物歸原位這個守則聽起來好像就是這麼一回事，太嚇人了。其實，收拾東西講求的並非把家裡打點得十全十美或凡事都要做到有條不紊，重點在於別讓東西像雨後春筍般冒出來，這樣你就不會什麼都看不順眼了。

把物品收拾好的同時，你也會對自己所擁有的東西抱著感恩的心情，而不是想到這些東西占掉多少空間就覺得挫折。

## 物品收拾習慣二：物品進家門前先確定它的去處

你帶進家門的每一樣新物品，無論是雜貨、衣物、裝飾品、收納籃，都需要一個地方來擺放。

你在店裡思考要不要買某樣東西的時候，通常你考慮到的是價錢划不划算或買不買得起。我們喜歡買東西的感覺，也喜歡新東西帶來的興奮感，特別是這些東西在特價的時候。

如果不考慮這些，而是問問自己你想買回家的這樣東西要擺哪裡，那麼「我一定找得到地方放」這個答案就很牽強了。

你可以想像這樣東西放進你家儲物櫃或衣櫥裡的畫面嗎？需要用塞的才能把東西放進去嗎？你願意做一個固定決定，認可這樣物品確實對你和你家有用處嗎？

決定購買之前先問問自己這些問題，是一個無敵有效的物品收拾習慣。我全力支持購買有趣的新東西，但必須真的對你很重要，而且你們家也確實有地方可以放的時候才能買，否則的話，買這些東西只是增加家裡的雜亂而已。

## 物品收拾習慣三：把垃圾扔了

我絕對沒有要自命清高的意思，我自己本身也對很多「垃圾」視而不見，也許你也跟我一樣。

當我想到垃圾的時候，腦海裡浮現的是明顯有點討厭的東西，比方說面紙、髒尿布和咖啡渣。已經壞了卻又被你放回去玩具箱的玩具也算垃圾，前一臺電視的遙控器至今還放在咖啡桌上也算垃圾，還有再也夾不住頭髮的夾子也是。

東西在周遭環境逗留得愈久，我們就愈容易忘記它的存在，而這些物品最後勢必會變成垃圾，這是絕對不變的真理。別讓它們在眼前徘徊，增加你家的雜亂，尤其這種東西具有可怕的磁性力量。把垃圾扔了吧，讓它們去該去的地方。雖然看似理所當然，卻是明顯到最容易被忽略的事情。

## 物品收拾習慣四：一天收拾一樣東西

你家的某些區域一定塞滿了讓人不知道該怎麼處理的雜物。

你懂我在說什麼，因為我們每一個人至少都會有一塊這樣的空間，比方說廚房檯面，雜物抽屜，臥室梳妝臺，走廊衣帽櫃等等。因為這些雜物實在很煩人，所以你沒有動力去收拾，要是這些東西無處可去，還得替它們找個地方收納，這是最討厭的事了。多數人都會有這麼一塊區域，雜七雜八的東西在此出沒，等著我們有空的時候去處理它們。

但是我們從來都沒處理過。

結果那些東西發揮它們的磁性，愈堆愈多，然後你又忍不住開始上Google尋覓小房子了。

不必找小房子，你現在應該要做的就是挑出其中最小塊、最好處理的雜物區域，然後一天收拾一樣東西就好。

只要一樣就好。

這樣做好像沒什麼任何意義，但其實你完成了兩個重點。第一，你慢慢把東西歸位了，慢慢收總是比什麼都不收要好。第二，你已經在培養物歸原位的習慣了，這個習慣會讓你受用一輩子。

## 物品收拾習慣五：每週一次局部清理

無論你是個多麼有條不紊的人，家裡的各個區域偶爾還是需要清理一下。養成清除不再需要和不再重要的東西，騰出空間給重要物品的習慣，對你一定大有幫助。如果做得到一天收拾一樣東西，就表示你已經準備好付出更多行動，不妨試著一週清理一次。你可以挑一週比較有空的一天，把一小塊區域的雜物清除。

如果你家很大，就會有很多需要清理的小區塊，但如果能每週定期處理這些小空間，便可循序漸進把家中不再重要的物品清掉，而不必將清東西視為大工程，每次看到雜物就覺得心力交瘁。

所謂的小空間包括雜物抽屜、兒子的五斗櫃、浴室收納櫃下方的空間、客廳的玩具籃等等。這些區塊有大有小，不過建議各位最好避開一整個房間的清理任務，因為這樣做太龐雜、也太操之過急，從小處著手就好。

還請銘記在心，你只是清東西而已，不必把一切弄得井然有序。只要將不再需要和不再重要的東西清出來，把它們裝進袋子或箱子裡送走就好。

這樣一來，你就有更多空間可以放真正重要的東西了。

這種做法低風險、低壓力，效果卻很強大。

## 物品收拾習慣六：特別留意物品傳達的訊息

在你一次次將東西歸位的過程中，應該會注意到哪些東西很重要又哪些是阻礙。換言之，這些物品會讓你知道它是否應該在此逗留。

你是不是總是得挪動幾雙鞋子才能找到你要穿的那一雙？也許你該扔掉那些礙事的鞋子了。你是不是每次都要把椰奶罐頭移開才能拿到雞湯罐頭？也許你不喜歡用椰奶來做料理，以後就別再買椰奶了，雖然網路上的人信誓旦旦說它很好用。你是不是常得把一些小玩具放回收納籃，但這些東西你從沒見過女兒玩過？可能這些玩具剛好跟女兒心愛的玩具放在一起，所以對想要玩自己心愛玩具的女兒來說，那些東西是一種妨礙。

傾聽這些東西要傳達給你的訊息，把不重要的物品扔掉。

只要養成這些收拾習慣，把物品歸位，你一定會更明白這些東西要傳達的訊息。

## 收玩具是一件很抓狂的事

**康卓拉，感謝你的點子和愛心，請問我家野孩子的玩具卡車和茶壺該怎麼處理才好？我剛把玩具收拾好不過兩分鐘，又看到那些東西散落一地！**

我懂，這種情況太煩了！

我們來玩一個遊戲，想像一下兩種不同情境的家裡空間。

第一種情境：整理居家環境就好像逆流而上一樣，房間總是無法保持整潔，那為何還要費事收拾？玩具一直丟在那邊，孩子們似乎也無所謂，但不知為何，即便地板上和小茶几上都放滿了他們心愛的玩具，他們還是很難伺候，抱怨沒東西可玩。

這是因為選擇太多，他們消化不了，很有可能根本沒看見那些散落在外的玩具。那一堆凌亂已經變成背景雜訊，因為東西都不在原本的位置上。

所以，現在你有物品歸位和孩子發牢騷這兩個問題要處理。這個情境顯然不討喜，慢走不送。

第二種情境：你（如果你願意的話，再加上你的孩子）一天收拾一次。比方說你晚上把家裡稍微重新整理一下，孩子隔天早上起床後，就必須再把玩具倒出來，重新找過他們要玩的玩具。或者你也可以在午睡前將玩具都收拾好，這樣的話等到孩子們睡醒，就可以重新玩過，不會為難到他們半夢半醒的小腦袋瓜。

〔有一個樂團就叫做「重新玩過」（Fresh Play），就是它。〕

別忘了你將東西歸位的「初衷」——為的是騰出空間放重要的東西，為的是知足，為的是連結家人情感。

連結家人情感是一切的根本，因為連結就是最重要的事情。

我們把家裡整理乾淨，就有空間再製造新的混亂了。

聽起來真煩，不過最後的結果卻很值得。

## 別讓錯誤的目的誤導你

別忘了，你身為一個懶惰天才，有權利在乎你重視的事情。

假如你覺得房子整潔很重要，就收拾乾淨吧！

假如乾乾淨淨的房子能讓你開心，就盡情噴灑尤加利香味的清潔劑吧！

不過別被誤導了。

乾乾淨淨不會讓你變得更好，混亂也不會把你變得更真實。

你有權利喜歡有條不紊，有權利在別人來家裡之前把房子打掃乾淨，當然也有權利不讓某些東西進你家門，因為凌亂會對內在生活有負面影響。

你也有權利在雜亂中生活，有權利邀請朋友踏入你亂糟糟的空間，當然也有權利擁有你不需要的東西。

大部分的人經常在這兩種方向之間擺盪。

你在實踐物歸原位這個守則時，應該會體驗到快樂的成果。整潔的房子令人心曠神怡，打開清爽的衣櫥令人愉悅，能清楚看到你擁有哪些東西也能帶來滿足感。

然而，這些跟你這個人的價值無關，請別忘了這一點。你的房子也許反映了你的個性，但是它的狀態不能反映你這個人的價值。

### ▼本章重點

- 無論你的空間是大是小，就好好在這有限的空間生活吧。沒有人的家是無窮大的。
- 當你把東西都放回原位後，就會發現無處可去的東西，請只保留重要的東西就好。
- 你家之所以凌亂可能是因為東西太多，或者意味著你需要更好的收拾習慣。

**──跨出一小步──**

今天先收拾一樣東西，明天再收另一樣。

每次我在懶惰天才線上社群談到整理東西時，一定會有人說：「我喜歡整理東西，這樣我就可以讓別人來了！」我們會大概討論一下家裡現在的狀態以及大家該如何整理，不過「讓別人來」究竟是什麼意思──不只到你家，也走進你的生活嗎？

— 懶惰天才守則八 —

# 讓別人走進你的生活

在我心愛小教堂裡服務的婦女們，每年都會一起去海邊的休閒度假村，去那裡必玩一種叫做「坐立難安」（Hot Seat）的遊戲。也許你第一次聽到這種遊戲，請容我稍微解釋一下它的玩法，遊戲規則其實很簡單：一個人先坐到前面的椅子上，其他人可以向她自由提問，了解她的背景故事。這種方法有助於大家了解彼此，當然也會聽到關於分手、最愛的電影，還有某人上次尿溼褲子是什麼時候的事。

我的朋友法蘭絲（Francie）被點名去坐熱椅子時，她一邊走向那張凳子，一邊說：「我現在真的不知如何是好，希望不用去坐那張椅子，但又想要大家認識我！」每個人都笑了，因為**我們都懂**那種感覺。

跟別人來往、邀請別人來我們家，讓他們看到我們私底下亂糟糟的樣子，其實是件我們很想做但又很怕去做的事情。

正是那種怕被拒絕的恐懼感，掩蓋了我們很想跟別人連結的渴望。

他們會不會喜歡我？

我會喜歡他們嗎？

我要怎麼開口邀他們出去玩？

我寧可獨處但偶爾會感到孤單怎麼辦？

我自己光弄孩子吃飯就搞得一個頭兩個大，要怎麼邀請別人來家裡吃飯？

大部分的人都會問這種問題或類似的問題，所以你若是覺得自己像個還沒蛻變成蝴蝶的社交毛毛蟲怪咖，請不用擔心，我們每個人或多或少都會害怕讓別人走進來。我個人在這方面其實有過不良紀錄。**喔，你想聽細節？**當然沒問題。

## 別人為什麼走不進來

假如每次有朋友對我說「我們兩個是朋友，我也很喜歡你，但我總覺得沒有真正**了解**過你」，我就可以得到一美元的話，我想我大概已經集到**六美元**了。

也許用錢來比喻不是最酷的例子，不過當你長大成人之後，生活中只有十幾個真正親近的好友，而其中就有六個朋友說不了解我，這個數字還是相當嚇人的。

我跟別人交朋友的時候，懶惰和天才這兩種方法我都試過。

懶惰的交友法就是我完全靠自己，就算別人跳過我不邀約我，我也表現得不在意，對於別人想多認識我的舉動，我也不予理會。說穿了，懶惰交友法就是讓自己消失不見。

請容我分享兩個深具啟發性，但聽起來可能有點難為情的例子。

第一個例子發生在我高中時代。我有幾個朋友還算喜歡我，但放學後或週末我不曾跟他們出去玩。我們會一起吃午餐，在走廊碰到面時他們也會對我笑，但我不是別人會傾訴的對象。我其實很想當這樣的人，但是沒人知道我的心思，因為我表現得像是喜歡平常那種模式。

我跟學校的同學都保持距離，這樣才不會受傷，所以我也不在乎有沒有人知道我叫什麼名字。顯然我做得很成功，因為我在畢業典禮上演說時，我聽到同學竊竊私語地說：「這位是誰啊？**她讀這裡嗎？**」

她讀這裡嗎？

我達成目標了，但是天啊，也太令人沮喪了。

第二個例子是念大學的時候。大一時，我跟七個女生一起住，她們會邀請我跟她們一起回家度週末或參加派對，但因為我怕人家太認識我，所以就懶惰地用不在乎的態度回應（其實我在乎得要命），拒絕她們的邀請，晚上經常留在宿舍邊吃Ben & Jerry's巧克力冷凍優格冰淇淋邊看影集《我愛露西》（*I Love Lucy*）。

是啊，真的很感傷。

剛升上大二的時候，我覺得獨處實在太孤單了，所以努力在交朋友這件事上當個天才。我非常執迷於大家對我的觀感，也試圖瘦身（我的飲食失序就是在那個時候達到最高峰），努力「振作」起來。我以為當一個好朋友就要表現得完美無瑕，看起來無可挑剔，去認識每一個人，也要做一個良好的行為楷模和智慧的明燈。

是的，你想的沒錯，那些年我確實沒交到幾個知心好友。*

---

* 潔西（Jessi），你是我那段時期最大的遺憾，謝謝你在我拒你於千里之外時還願意找我出去，我知道你對我倆之間的關係另有看法，不過真希望我當時可以讓你多了解我一點。本來我有很多機會，可惜沒有好好把握。即便你身在遠方，我知道你一定會看這本書，因為你依然是最努力為我喝采的人之一。謝謝你如此深信不疑地愛著有稜有角的我。

幸好，過去十年來，我對友誼的觀點改變了。坦率、脆弱、從衝突拉近彼此的距離，這些都是友誼的重要元素，而我已經成長為一個能夠接納這些元素的人。我學著努力為這些元素付出，培養一段段人際關係，把我蛻變成更好的自己。別人愛我是因為我就是我，我也同樣這樣愛著別人，這對我來說是一種全新的交朋友方式，而且我絕對不再走回頭路，因為這種做法太棒了。

我明白讓別人走進你的生活看起來是個很怪的懶惰天才守則，但如果你想把握重要的事情，人際關係是一切的優先。倘若你想在應對人生中任何有意義的事情時當個天才，就需要「別人」來助你一臂之力。

讓別人走進你的生活是什麼樣的情景呢？

## 我們需要彼此

透過人際關係你會更加了解自己，你會從彼此間的對話得到啟發，對別人和這個世界有你的看法。你撐不住的時候，朋友會替你照顧孩子，幫你送晚餐過來。你不知道該怎麼做重大決定的時候，朋友會提出好問題來激發你。朋友會逗你開心，推薦你看影集《良善之地》（*The Good Place*）、玩大富翁（Monopoly Deal）。

讓別人走進你生活的同時，你會得到支援和友誼，在歲月的淬鍊之下，你和你生活圈裡的人會看到更真實的彼此。

我們需要連結和群體，才能好好生活。

我最愛的布芮尼．布朗（Brené Brown）在其著作《不完美的禮物》（*The Gifts of Imperfection*）中將愛定義為「我們容許自己盡情展現最脆弱和最強大的一面，讓別人能看到和了解我們內心深處的時候，以及我們願意付出信任、尊重、仁慈與情感時所衍生之精神連結的時候。」【3】

我們需要連結和群體，才能好好生活。

哪怕是世界上最內向的人都有去了解別人和被別人了解的需要、有和別人交流的需要，也有跟別人分享某個深具意義的片刻的需要。

人與人之間需要互相給予和接受愛。

當然，這個守則不比神奇問題耀眼明亮，不過你知道現在可以做什麼讓之後的人生輕鬆一點嗎？敞開心胸，讓別人走進你的生活，勤於耕耘友誼吧！

我想你和我對連結的渴望是不一樣的，不管是深度還是形式上，但我們可以各自用自己的做法去實踐這個守則。

讓別人走進你家大門和你的生活，讓他們了解你的不安和一切吧！

如果你是那種**怯於展現脆弱，而且康卓拉，我還沒準備好**的人，請別焦慮，先用狗爬式也沒關係。

## 讓別人來家裡

我們應該培養深刻的人際關係，但可想而知，這並不是一蹴可幾的事情。友誼往往是從義大利麵或一鍋湯開始耕耘起來的。

從小處著手，邀請別人來家裡坐坐。

盡快行動，如果你能接受的話，就這個星期吧！

說不定讀到這裡你會因為以下幾個理由變成「反康卓拉」那一派：

- 你覺得招待人家的餐點一定要準備得盡善盡美，但你沒有廚藝可言。
- 你行程滿檔，忙了一整天後回到家就不想再跟別人講話了，我卻一直嘮嘮叨叨提議你找別人聊天。
- 你以前曾經在交朋友的時候被拒絕，現在很擔心舊事重演。

上述理由都是人之常情，我也曾**深深**淪陷在這三種狀況中，不過就這一次，別讓這些理由作主，你覺得如何？

## 千萬別道歉

請聽我一言：千萬不要道歉。我並不是指當你傷了別人的心或不小心踢到朋友小腿時不用道歉，而是說請別為了你家、你準備的餐點或你感覺到的任何不妥向別人道歉。當你看到不足之處而對別人說抱歉的時候，其實是想讓大家知道你已經注意到這些沒做好的地方。千萬不要。

「抱歉，這裡實在太亂了。」

「抱歉，這間房間很暗，我們一直想把牆壁粉刷成明亮一點的顏色。」

「抱歉這裡還在施工，我們一直很想趕快做個了結。」

「如果東西沒有很好吃的話，很抱歉，我的廚藝實在不怎麼樣。」

**千萬不要這麼做。***

麥奎琳．史密斯是家居大師，也是我的朋友，她在《巢居》（*The Nesting Place*）這本著作中說道：「我發現當我為自己的家道歉時，其實是在向現場的每一個人宣告我的不滿，宣告我一直在暗地裡記錄自己的表現得幾分，宣告我非常重視我家看起來的樣子，而且說不定——只是說不定而已——我去你家作客的時候也在心裡默默這麼做。」【4】

你對別人應該不像對自己那麼嚴苛，不過沒人知道這一點。如果你邀別人來家裡，然後為你

---

* 各位聽有聲書的讀者，很抱歉這裡的音量突然變大。

家的凌亂道歉，不管這是不是真的，你其實會讓客人感到動輒得咎，進而忽略了邀請他們來家裡作客的初衷——連結。

請讓別人帶著希望跟你做朋友的心情來你家，不要拿自己的生活跟別人做比較，甚至跟你想像中應該要有的生活樣貌去比較。

你之所以邀請別人來，是因為你重視他們，也就是說，連結、對話、笑聲、美好的食物、脆弱等都很重要。正因為他們很重要，所以你必須決定如何用心對待這些人，而最簡單的方法就是請他們來家裡坐坐。

需不需要我提供一些點子？我非常樂意幫忙。

## ▼家常便飯

邀請某個人、幾個人或一整個家庭來你家吃晚餐。

不管你是要自己準備餐點，還是用一人帶一菜的方式，又或者找一家好吃的披薩店外送或外帶，只要是在你家吃東西，就可以算邀請別人來吃晚餐。

若你很想自己親自下廚，但廚藝不精或不知道做什麼菜才好，我可以向你推薦本人拿手的「改變你一生的雞料理」嗎？這道雞料理做起來很簡單，分量可以隨客人數量調整，不但美味，賣相又好，基本上是一道傻瓜料理。這是我的傳家之寶，將來有一天會刻在我的墓碑之上，所以還沒試過這道料理的你，機會來了！*

### ▼換家閒晃之夜

我妹妹和妹夫會定時和另一對孩子年紀相仿的夫妻來個換家閒晃之夜。把孩子送上床之後，兩家的媽媽在這個家消磨時光，兩位爸爸則在另一個家聊他們的。這種做法太天才了，因為孩子們還是睡在自己床上，但又不需要保母，而且孩子的爸爸或媽媽都在，就算他們醒過來也不怕找不到人，兩邊父母也達到連結的目的。太完美了！

### ▼週末全家一起吃早餐

全家一起吃早餐是我最愛的情感連結方式，對家中有小朋友的家庭來講更是適合。早上七八點左右，全家人一定都起床了（或者像我家一樣，六點前就起床），就用自製早餐或買甜甜圈回來當早餐揭開這一天的序幕吧！

早餐是一天當中最沒有壓力的一餐，趁這個機會好好跟家人連結，再為接下來這一天奮鬥。另外，全家人利用早餐時間相聚，對午睡和晚上的睡眠只有好處，不妨試試看！

### ▼甜點之夜

我的血管裡奔竄的是巧克力，所以甜點之夜顯然就是為了那些認識我的人而建議的。拿著甜

---

＊ 上網Google「Change-Your-Life Chicken」，馬上就可以找到這道料理的做法。

派或一桶冰淇淋，用甜食來交朋友吧！假如你家有小小孩，甜食之夜往往比請別人來家裡吃晚餐更簡單，尤其你邀請的對象沒有小孩或小孩已經大到可以在家獨處一兩個小時的話。

倘若你家孩子還小，先把他們送上床，然後就可以跟別人邊吃蛋糕邊聊，為這一天劃下句點。如果你沒有小孩的話，不妨提議帶著甜點去有小孩的朋友家，來個深夜的交流。

## ▼上完教堂後的午餐時光

講到怎麼做一個好朋友和好鄰居，我最喜歡聽夏儂・馬丁（Shannan Martin）的建議*，她每週日都會開放自己的家，歡迎大家上完教堂後去她家一坐。

由於她和家人的生活範圍不脫離住家周圍的街區（學校和教堂都在離家不遠的步行距離之內），所以她的生活圈其實不大，卻十分用心經營。她會煮好湯，備妥餐碗，有時候客人會帶東西來加菜，偶爾客人很多時，她會從櫃子裡再拿出幾包洋芋片。

她不會向客人說抱歉，也不追求完美，也不會把一切弄得井然有序，但絕對讓大家有機會連結交流。

上完教堂後，邀請別人到普通餐廳一起用餐，想必也能達到同樣效果。不妨鎖定跟你不一樣的人，比方說大學生、總是坐在你後面的孤單老人，或如果你現在就是孤單老人，不妨去認識有小孩的家庭。

無論如何，邀請別人一起吃個午餐吧！

不必管要不要打掃家裡、要不要自己下廚、要不要沖澡。

做真正重要的事情，以跟別人連結交流為目標，其他事都是次要的，還有絕對不要向別人說抱歉。

## 讓別人走進你的日常生活

日常生活不是輕鬆的事，這大概也是你會想讀這本書的原因。你之所以想擺脫生活的消磨和一成不變，有一部分是因為生活不好過，但另一個更重要的原因恐怕是「孤單」使然。

每個人其實都有一長串的責任要應付，而大部分的人都是獨自面對這些責任。我覺得為了日常責任就要開口求助，甚或問題並不嚴重卻想找朋友訴苦情緒上的壓力，實在很難以啟齒。我不想煩別人，不想讓別人覺得我愛抱怨，況且大家本來不就應該埋頭苦幹、把事情做好就好嗎？

我非常擅於比較哪些事最痛苦，也擅於立刻就忽略自己的痛苦。這世界上有很多沒東西可吃的人、無父無母的人、一貧如洗的人、沒有公民權的人，我有什麼資格向朋友抱怨我家孩子莫名肚子痛，結果害我趕不上預約好的按摩時間？順帶一提是真有此事。但是，我的背痛得受不了也

---

＊ 她的著作《尋常之地》（*The Ministry of Ordinary Places*）會震撼你的心靈，請一定要讀讀看。

是真的啊，我痛到影響情緒，而我的情緒就像我那讀小學四年級的兒子說的：「有時候有點暴躁」。

你認為只有在狀況真的很嚴重時才能讓別人走進來，但如果日常生活上碰到的難題就真的讓你「感覺很嚴重」呢？獨自扛著這些重擔就表示你正努力在不重要的事情上當個天才。如果沒有人際圈的陪伴，「自立自強」也是沒有意義的。

我們有權利需要彼此。事實上，互相需要是一件很美好的事，特別是在最普通、最日常的時刻。

## 不必等到緊急狀況才開口求援

我先前說過，過去我在接納別人這件事上紀錄不良，多年來我也一直謹守自己的誓言，只有在緊急時刻才讓別人走進來。但誰來決定哪些狀況算緊急呢？你如何判斷現在情況嚴重到可以讓別人接觸到你的日常問題？

如果你為了陪你父親去做化療，而必須請別人幫忙照顧小孩，沒有人會因此怪你，對吧？畢竟這聽起來是個合乎情理的緊急狀況。但如果你為焦慮所苦呢？我的意思是說，焦慮這種事基本上應該是可以應付的。你的日子還是過得下去，只不過這種生活所需要的精力超出你的負荷。雖然焦慮這個問題真的讓你備受煎熬，但看起來又不是具體有形的東西，而且也算不上什麼正當理由。也許你獨處一個下午，有人聽你說說話，或者小睡片刻就已經是個恩典了，可是焦慮好像不是嚴重到可以開口求助的事情。

又或者你真的太累了呢？你在逆境中苦撐了好長一段時間，內分泌系統再也撐不住了，就連做個晚飯都讓你覺得自己僅剩的一點活力好像全被榨乾。

像這種事，也絕對不是什麼重要的問題。

但它真的**很重要**。

緊急狀況並不是開拓人際圈、與人連結交流的先決條件。

你不必時時刻刻都在很好的狀態。你有權利掙扎，有權利覺得責任壓得你喘不過氣來。你有權利告訴別人你不知該讓孩子念哪種學校的壓力。甚至如果你考慮的是到底該讓孩子去念多數人都讀不起的私校，還是數百名小朋友擠破頭都進不了的特許學校，你會不會對這種選擇有罪惡感？妨礙我們讓別人走進來的情緒非常多，罪惡感就是其中之一。

我們太容易去評斷自己的痛苦掙扎「合不合格」，假如碰到的問題過於小眾、過於尋常、過於特權或過於（請自行填答），我們就悶在心裡什麼都不講。也就是說，我們把別人拒於門外，還說自己一切都好。

這大概就是我十幾個朋友當中高達六個人說不了解我的原因，因為我從來不曾讓他們知道這些很平常的事情。我沒有對他們訴說，照顧一個扭來扭去、常常咬我乳房的寶寶對我整天的生活有什麼影響。我沒有對他們訴說，雖然我丈夫就跟我一起坐在沙發上，但我不知怎麼開口說我很想他。我也沒有對他們訴說，即使我有一份很棒的工作，同事人又好，但我做得很沒有成就感。我覺得我沒有權利抱怨。

我的想法是，既然是沒有「那麼緊急」的狀況，也就不用多說什麼。然而，如果我們都得等到悲劇發生才讓別人走進我們的生活，恐怕會錯過各種美麗、尋常的連結。我們會錯過在這麼不好過的一天，朋友因為知道我們心情不美麗，需要笑一個來抒解，所以為我們送來的咖啡、傳來的訊息或搞笑的動畫圖片。

我們會錯過這些能夠深化彼此關係的尋常連結。

因此，現在就敞開心門，讓別人走進你日常煩惱中，別擔心他們本身是不是也不好過。

倘若有朋友問你需不需幫你去目標百貨買點什麼，就大方說「好」！

你的姊姊或妹妹若是提議幫忙顧小孩，就大方說「好」，別一轉眼就開始想以後要怎麼回報這份人情，因為說真的，完全不必把這種事當作人情來看待。

你的另一半若是提議今晚由他來清理廚房，讓你能早點上床睡覺，就大方說「好」，不必想著你比他更能一鼓作氣把東西清乾淨。

我們每一個人都千瘡百孔又美麗，努力讓別人走進我們的生活，而日常的點滴正是最理想的起點。

## 戳眼睛時光

人生在世就是要一起活出生命；不必偽裝，也不用等到緊急狀況，從尋常生活中的任何片刻做起。

我和艾蜜莉*把這些尋常狀況稱為「戳眼睛時光」。我們會互相分享一些看起來超級不重要但其實又很重要的生活點滴，因為這些都是真真切切發生在我們身上的事情，無論有多普通或多愚蠢，這些事情都是戳眼睛時光。**

不過諷刺的是，當你跟某個真正陪你度過緊急狀況的人分享戳眼睛時光時，反而會覺得這些事情特別神聖。我和艾蜜莉互相分享戳眼睛時光好一陣子之後，也攜手走過現實生活。我們彼此爭執過、誤會過，各自有重大的生涯決定要處理，也都曾哭花了臉，彼此訴說過可怕到見不了光的事情。

這輩子我在人前哭過的次數屈指可數，其中多半都有艾蜜莉陪在我身邊。如此說來，這種關係表示我和艾蜜莉現在都只談正事嗎？你在跟我開玩笑吧？我很確定我們兩個曾經就英國王妃梅根・馬克爾（Meghan Markle）的穿搭聊了整整一個小時。然而，這些傻氣、日常又一般的對話就跟生活的困境一樣重要，因為我們重視彼此之間的關係，所以每一次對話都有它的意義。

光只是讓別人了解我們比較深層的事情，並不會深化彼此之間的關係；想深入耕耘關係，就必須有意願讓別人了解自己的「全部」。

---

* 也就是艾蜜莉・弗利曼。

** 事後想想，這個詞彙比我想像得還要暴力，我們其實不會真正戳對方的眼睛。

人與人之間的互動，並不會因為沒有向對方揭露自己內心最深處的想法和感覺就顯得沒價值——至少就一般對「敞開心扉」的定義來講。訴說日常的點點滴滴同樣也是一種敞開心扉的方式。戳眼睛時光和緊急狀況可以同時存在於一個人的心門之內，你和朋友之間也一樣，你所渴望的深層連結就是由此而來。

## 我不太好的時候

寫這本書對我來說是一個很難得的機會，我因此能打開大門，讓別人走進我的生活。寫書這件事雖然不能列為大家刻板印象中的緊急狀況，但說起來卻也是我個人至今做過最難的案子，因為寫書就像一條漫長的跑道，我並非天生就能扛得住這種苦。你得寫一大堆廢話，才有辦法找到幾句像樣的文字，假如你還是不懂我的意思，這樣說吧，我的完美主義好像有點復活了。

沒多久我就發現，雖然我還是必須靠自己把這本書寫出來，但我沒辦法靠自己「扛住」寫書這件事。

就在我寫這一段的前一個小時，有個朋友探頭探腦地出現在我辦公室問道：「書寫得怎麼樣？」過去這八個月來，累計下來大概有數十人問我這個問題，我後來也不再回他們「還不錯！」「還不錯」並非實話。當然，作家寫不出東西又不是緊急事件，但我決定讓大家走進我覺得這就是緊急事件的**感受**裡。「還不錯」會把大家拒於門外，只留我自己孤單一人，所以我現在已經學會用別種方式回答：

「今天很不順利。」

「有點寫不下去，不過我會想辦法。」

「我總算有頭緒寫這一章了，現在我渾身是勁！」

「我今天比預期得還要早達成我設定的字數，所以我要獎賞自己回家路上順便去Chipotle墨西哥燒烤速食店外帶捲餅。」

我剛開始這麼認真地回答人家時，心裡覺得有點彆扭，畢竟真的會有人在乎我的感受嗎？結果事實證明，我的同事朋友真的在乎，而且我讓他們多了解我的心情，我們對彼此的關心就愈多。換言之，我的很多人際關係反而因為跳過了「還不錯」這種回答，而意外有了更深入的發展。

假如你正在進行某個案子、工作或甚至進入某個階段的人生，雖然這些只是尋常的過程，也別認為沒必要讓別人走進來。你的肩頭上會有責任，情緒上也許會有壓力，這些未必是你可以獨自承擔的事情。

你也可以有「不太好」的時候。

讓別人走進來吧！

> 光只是讓別人了解我們比較深層的事情，並不會深化彼此之間的關係；想深入耕耘關係，就必須有意願讓別人了解自己的「全部」。

## 何時難以有連結

有時候我們沒辦法跟某人有連結，也許是因為彼此之間沒有化學作用或共通點太少。人生難免如此，不一定是因為這個人不好的關係。就好比你約會的對象未必每一個都跟你是天作之合，而友誼也是同樣的道理。

話雖如此，我們的內心還是很容易把彼此無法連結交流視為個人缺點，比方說對方覺得你不夠好、不夠酷或對你沒有特別的好感。又或者你是個怪咖、你太寡言、你話太多。你覺得自己是最大的問題，所以忍不住想改變自己。

如果說我們可以從課外活動學到什麼教訓，那想必就是為了讓別人接納自己而改變自己的話，你是不可能夙願以償的。當然，你不會完全被拒絕，但也不會真正被接納。如果你把目標放在不讓自己被拒絕，反而會錯過你真正想追求的東西——連結。

有時候你必須花比想像中更長的時間才能讓別人接納你這個人，而等待的過程很辛苦，但美好的那一刻終究會來，只要你願意讓別人走進你的生活，最後一定可以找到知音。雖然先踏出那一步的人比較辛苦，但一切會苦盡甘來。

▼本章重點

- 假如你邀請別人來家裡後並沒有因此促成一段終身友誼，那也沒關係，還是很值得。
- 讓別人走進你的日常生活，但不必道歉。
- 不必等到緊急狀況才開口求援。
- 別把跟他人連結想得太複雜，邀請別人來坐坐就對了！

**——跨出一小步——**

寫個簡訊給某人，跟她分享戳眼睛時光，或邀她一起出去玩。現在就做如何？

談過這麼多人際關係的話題之後，如果你感到有些彆扭，那我們就換個方向，來探討「集中處理」這個閃亮的生活小訣竅吧！

— 懶惰天才守則九 —

# 集中處理

我曾經自行創業，賣自己手作的甜點，這樣我可以說自己以前是專業烘焙師傅嗎？大家一定會說可以。我從某個流行文化題材得到靈感，將我製作的甜點用可愛漂亮的盒子包裝，自創了「糖盒子」（The Sugar Box）這個品牌。本地的居民只要從網路下單，然後每個月固定某一天（即「糖盒子日」）到我家門前取貨即可。

我喜歡做甜食，也很會做甜食。

不過，我對數字不在行，最後我才終於搞清楚，原來每賣出一盒甜食，我一小時只賺兩分錢。這麼說吧，創業實境節目《創智贏家》（*Shark Tank*）上的投資人絕對不可能花一毛錢投資我。

但是經營糖盒子那一年半的時間我學到很多，譬如我的烘焙技巧愈來愈純熟，我也因為看到自己做的食物把人們吸引過來而元氣大增，同時我也學到了集中處理的訣竅——剛開始用在製作餅乾上，後來又被我應用於生活中。

## 從一天做一千塊餅乾學到的教訓

到了糖盒子日這一天，每一樣東西都必須一次準備好；所謂每一樣東西是指數千份的餅乾甜食都必須分裝成數百包，然後再放入四十到七十個不等的棕色紙盒子，最後用繩子綁起來，變成一個精美包裝的糖盒子，這一盒盒甜食都是我的最愛。

每月重複操作把全部糖盒子一次準備好的流程後，整體流程可以說提升到集中處理的最高境界。我的第一個教訓是在第一次交貨的「糖盒子日」學到的：當時我接到四十五筆「六人行」款（靈感來自於影集《六人行》（*Friends*））糖盒子訂單*，於是我開始以一盒為單位進行包裝。也就說，我先將一疊某種口味的餅乾放進袋子，再剪一段繩子來綁好袋子，最後把整袋餅乾放入包裝盒裡，然後同樣的步驟再做一次，只是這次換成別種口味的餅乾，接著輪到布朗尼塔和另外四五樣點心。我就這樣包裝好一個盒子之後換下一個盒子，好像永遠也做不完似的。

到了下個月，整個包裝流程進化了。我先將等份的餅乾一疊疊堆好，接著一次把要用到的繩子剪好，再包好一組一組的餅乾，最後再把每一組餅乾綁好。這樣的作業方式快多了。

最後，就連烘烤這個步驟我也集中處理。我會在一天之內揉好餅乾麵團，因為餅乾要用到的材料類似，做法也差不多，然後一次把一千多個餅乾小麵團球做出來拿去冷凍，方便之後烘烤。等時候一到，我就可以一盤接著一盤，像機器作業一樣，把所有的餅乾全部烤完。

我學到的教訓是，不行一次只做一樣甜食或只處理一個糖盒子，而是應該將類似的步驟集中起來一次完成，才能有效率地提高整個製作流程的進度。

接著我又注意到，這種做法竟然也適用於日常生活。集中處理不但能用在烘焙上，還可以延伸應用在其他層面。

## 集中處理的好處

集中處理就是指重複做同樣的步驟，做完後再換下一個步驟。別看這種做法簡單到好像沒什麼，把握這個小小原則可以發揮強大效果。

好比工廠組裝線的作業流程，這位員工負責做某個動作，下一位員工就負責下一個步驟，以此類推，這就是工廠能大量生產的原因，而不是靠單一員工從頭開始把一臺冰箱組裝出來。

你大概有很多事情都是從頭開始慢慢做起來，但這些事情的各個環節其實都可以集中處理，這樣的話會更快完成。除了速度加快這個好處之外，集中處理因為可以讓人進入自動化的作業方式，所以大腦也能夠趁機休息一下。

你不是機器人，本書宗旨也絕非把你機械化，不過有些事情用自動化作業去做會更理想。工廠出產的產品因為不是手工製造而給人廉價的觀感，畢竟真正的好東西不就應該純手工打造嗎？但話說回來，你若是把這種思維用在自己家中，希望所有的一切都特別花心思去做，這樣

---

＊「六人行」的內容物包括「古生物餅乾」（學主角羅斯說「轉向」這兩個字的恐龍造型糖霜餅乾）、喬伊（Joey）的小雞和小鴨果醬三明治餅乾、菲比（Phoebe）的祖母風味巧克力脆片餅乾、中央公園咖啡館（咖啡口味）棉花糖、康斯韋拉香蕉吊床公主（Princess Consuela Banana Hammock）香蕉麵包，以及薄荷軟糖布朗尼，這個甜點是從菲比對布朗尼的熱愛得到靈感的。此款糖盒子有強烈的菲比風格。

的話等於在每一件事上都要當個天才，沒有任何懶惰的餘地，你恐怕會累壞自己，除了下午必須來點巧克力補充體力之外，大概也要持續做心理諮商。

你不必事事如此費心，有些工作其實可以用自動化的方式去做，以便節省時間和心力，將這些寶貴的資源拿來追求你真正重視的東西。

## 哪些事情可以集中處理

如何找出可以集中處理的地方呢？先觀察你會做哪些重複性的事情，以及你需要重新做過的環節。

準備孩子的午餐就是一種重複性任務，你得做好三個三明治、切好三顆蘋果、切好三份胡蘿蔔條……我想你懂我的意思了。你也可以先做一人份的三明治，然後把三明治包好，接著切一顆蘋果，將蘋果裝好，最後再切胡蘿蔔條，然後將胡蘿蔔條包起來，或者，你可以乾脆集中處理這些重複性任務。

將三片吐司都抹上花生醬，接著塗果醬。所有的三明治都做好之後，用袋子裝起來。接著一次切好三顆蘋果，一次切好三份胡蘿蔔條，然後把所有水果和蔬菜一次裝好。

找出需要重複做的事情，集中一次處理好。

至於必須重新來過的工作，像洗碗機就是很好的例子。你是不是經常把髒碗盤放進洗碗機之後，才發現因為隨便塞，導致後面還有一疊盤子和一個鍋子放不進去？本來所有東西都可以全部收進洗碗機，但現在必須重新放過才行。

一開始便集中處理的話就不會出現這種狀況。把所有髒碗盤一次收過來，全部的東西都到齊之後再開始放入洗碗機，這樣就能一次放好碗盤，不會白白浪費時間。

我會利用這個例子再搭配其他案例做更深入的說明，現在就來探索集中處理的做法吧！

> 如何找出可以集中處理的地方呢？先觀察你會做哪些重複性的事情，以及你需要重新做過的環節。

## 洗衣服

洗衣服是最適合應用集中處理的夢幻舞臺。把幾個關鍵環節集中處理之後，就可以在一天之內把髒衣服洗乾淨並整理妥當。聽起來棒極了，對吧？

洗衣服最麻煩的地方就是衣物種類很多，你要執行的任務很龐雜。從每一件上衣到每一隻襪子，嚴格講起來每一樣東西從頭到尾都必須經過分類、洗滌、烘乾、摺疊或吊掛以及收納這些處理程序。如果一次只處理一樣衣物，你的怒氣與挫敗感勢必會有如漫威電影宇宙（Marvel Universe）中的外星人一樣大舉入侵。一次處理一件的洗衣方式太傻，想必你也知道，這就是你為什麼會集中洗滌和烘乾的原因。

不過我們可以做的集中處理不只有洗和烘而已。

### ▼分類和洗滌

在少數的例外狀況下，亮色系衣物其實可以和暗色系衣物一起洗。我知道我們美麗的母親總是一再告誡我們衣服會染色這件事，但除了「別把你最愛的白色T恤跟新買的深色牛仔褲一起洗」這個明顯至極的原則之外，不同顏色的衣物其實是可以放在一起洗的。*

既然衣物的顏色沒有影響，那麼該如何分類衣物才好呢？

**強烈建議各位根據衣物最後的去處來分類。**

舉例來說，最後會掛在衣架上收進衣櫥的衣物就可以全部一起洗。小小孩的衣物一起洗，毛巾一起洗，學校制服一起洗，總而言之，「最後會收在同一個地方的衣物」全都一起洗就對了。這樣做的話，你就可以迅速將上衣掛好，不必還要從你家青少年的襪子和學齡前幼兒的獨角獸圖案運動褲衣物堆中翻找。

### ▼摺衣服

現在請各位注意，假如你非常喜歡集中處理洗衣服這個概念，等衣服都洗好之後，千萬別將所有衣物倒在沙發上，這會害你衝勁全消，因為衣物全都混在一起，你就只能邊摺邊重新分類過了。

別把集中處理的效果毀掉了！

按照衣物最後的去處分開洗滌是個好處多多的方法，如果你也喜歡這個概念，那麼摺衣服的時候不妨繼續用集中處理的模式，即使洗好的東西裡有各種類別的衣服**，但還是可以迅速將它們做好分類。

先從最大型的衣物著手，因為大件的東西比較容易挑出來，譬如牛仔褲、毛巾或任何一目了然的東西。繼續把衣物中最大件、最明顯的挑出來，直到只剩下一些襪子、洗臉毛巾或最小的衣物為止。接下來就可以分批摺衣物。

一次摺好所有毛巾，然後順著這種節奏繼續摺其他衣物；你不必把毛巾找出來摺，因為全部的毛巾都已經在你眼前堆好一堆了。

找出成對的襪子也很容易，因為襪子全都集中成一堆了。

所有的上衣都用重複的動作一件接著一件全部摺好。

你用同樣的方式重複處理同樣性質的東西時，大腦會開心地進入自動化作業模式。

---

* 用冷水洗最安全。

** 我通常會用熱水洗比較髒的東西，包括內衣褲、襪子、清潔布等等。由於要用熱水洗的東西並不多，所以我會把這些東西集中起來一起洗，以免增加地球的負擔。**歡迎各位加入**。

## 把摺好的衣服收起來

我不會要各位在收納摺好的衣服時，先從離你最近的房間開始處理，因為這樣可以少走幾步路（雖然我自己會這樣做），不過我一定會奉勸各位摺好衣服後立刻將衣物收好。

你本來就已經根據衣物最後的收納位置處理好了分類和洗滌環節，所以你摺好的這一堆衣物理所當然會全部收在某個房間才對。盡快把這些摺好的衣物拿起來，放到它們該去的地方，免得成堆的衣物占滿了客廳，害你必須耗費腦力去處理太多資訊。

你應該好好把腦力用來做真正重要的事情，別浪費在很容易就可以集中處理的例行工作上。

### ▼洗衣日

我在「洗衣日」這天只做一件事，想必你已經猜到，那就是洗衣服。光是處理這個任務，我就已經在集中做處理了；我會進入自動化模式，重複做著同樣性質的事情。

到了洗衣日，我不會去洗浴室，以免分神而忘了已經洗好一堆衣物。只要集中心力專做一件重複的家事，那麼這件家事做起來就會特別迅速，也不會忘了衣物已經洗好，搞得家裡瀰漫著老貓全身溼答答的臭味，只好再將衣物重新洗一次。

## ▼落單的髒衣服收納區

我很討厭拎著布餐巾、落單的襪子以及其他掉在地上的髒衣服去洗衣間。我知道這是一個比較特殊的問題，但還是很煩人。

所以我現在設了一個「髒衣物區」，把我花了十美元從居家生活商店買來的一個鍍鋅鋼桶，擺在廚房的角落，只要在家裡各處找到髒衣物，我們都把它們放進這個桶子裡。我不會一撿到髒衣物就拿去洗衣籃，而是丟進這個桶子，這樣我就可以少走幾步路。等桶子裝滿了，我再拿去洗衣籃放，這個環節也用了集中處理。哈利路亞！

### 假如你剛好很喜歡洗衣服

假如洗衣服不是會讓你火大的事情，那麼這種集中處理的做法你大概會覺得相當瘋狂。或許真的很瘋狂，也或許你不集中處理也覺得很好。想必你有充分的時間可以洗你要洗的東西，而且忙了一天之後也能心平氣和地摺好一大堆衣服。如果這對你來說是如魚得水的事情，請放手去做，盡情地摺衣服吧！

只是別預設立場，事情可以有不一樣的做法。雖然你不討厭洗衣服，但還是可以把其中一個環節集中處理，看看整個過程會不會因此有了什麼改變，倘若真的讓你更輕鬆的話，說不定你會更喜歡洗衣服這件家事。

## 清潔廚房

你剛做了晚餐，說不定午餐或早餐吃完後還有髒碗盤還沒洗，所以必須要清潔廚房了，但這真是個累死人的差事。廚房除了桌面、流理檯、水槽要清潔之外，還有其他亂糟糟的地方需要先用別種方式處理，才能把東西物歸原位。

髒亂的廚房之所以讓人心煩，主要是因為你摸不著頭緒到底應該先從哪一個部分開始做起，每一樣東西看起來都同樣急迫。老天爺，髒兮兮的廚房正是集中處理最能發光發熱的地方。

### ▼清理廚房桌面

一般而言，通常會先把廚房桌面上的東西收起來，拿到洗碗機那裡放進去，再隨便抓起附近的盤子放入洗碗機，然後準備去擦乾淨桌子底下的牛奶時，先順道把番茄醬收起來。你就像彈珠臺射出去的彈珠一樣，什麼東西離你最近就拿什麼。

建議你不如先把一個檯面清乾淨之後，再繼續整理下一個區塊。分批清潔可以振奮你的精神，讓你有得勝的感覺，因為大腦要處理的雜亂會比較少，而且每次只要清理完某個檯面，你就會特別有衝勁。

我個人一定都從廚房桌面開始收拾，這是離水槽最遠的檯面，通常也是最不凌亂的區塊，很快就可以搞定它。

## 一次決定好如何集中清潔

要不要來點小祕訣？一次決定好（各位還記得這個守則吧？）清潔廚房檯面的順序。我個人的清潔順序是先清廚房桌面，再清中島，接著處理從爐子到水槽之間的流理檯。每次我都按照這個順序清潔廚房，這個順序也十分適合我的腦袋。

### ▼收拾物品

清潔廚房的時候，先留一些空間來放集中處理的物品，我稱之為分區。分區有利於你進入自動化作業，因為你對於物品應該放在哪裡已經瞭如指掌，也就是說你會真正將東西歸位，而不只是把東西挪來挪去。

還記得集中一次做好必須重新來過的步驟這個訣竅嗎？你是不是常常沒辦法一次把東西歸位，只是不停地在冰箱裡把東西挪來挪去，就像在玩「魔術方塊」一樣？有時候不可避免地總是會有一盒蛋或一大盒用塑膠容器盛裝的剩菜，又或者是其他形狀特殊的東西必須冰到冰箱裡，但這些東西到底要如何全部放入冰箱，你實在莫可奈何。

利用集中處理的方式一次整理好所有東西，然後將東西分區擺放，最後再一起收起來。

### 廚房的分區

先把廚房物品最終收納處附近的地方挑出來，集中把物品分區放好，最後再一次把東西歸位。

譬如你可以分成冰箱區、儲物櫃區、髒碗盤區和洗滌區等等。

我個人會闢一個冷凍區，但這塊區域務必盡快處理好，才不會出現反效果。

另外還有一個是垃圾區，也就是垃圾桶。其實你大可不必玩「魔術方塊」，努力喬角度把所有垃圾都放進去，只要把東西全丟進去就行了。

## 碗盤集中好再放入洗碗機

等所有髒碗盤都已經集中放在髒碗盤區之後，再一起收入洗碗機。

請再三複誦這個準則，最好有人可以把這個準則印在茶巾上。

等所有碗盤都到齊了再放入洗碗機，你才會知道總共要處理哪些東西。要是來一個放一個，勢必就得在洗碗機裡面挪來挪去，重新擺過碗盤無數次才能容納所有碗盤。

集中一次處理好最理想。

你一邊清理廚房的檯面時，就一邊將所有碗盤拿到髒碗盤區。等到所有碗盤都到齊之後，便可依序把所有東西都放進洗碗機，一次到位。

先從只能放在碗盤架上的東西放起（譬如盤子、鍋子、大盤子），接著放只能擺在上層置放架的東西（例如遇熱可能會融化的小塑膠碟）。最後再把剩下的小東西放入鍋碗瓢盆間的空隙。*

## 紙類

你以為只有髒衣物和髒碗盤快把你淹沒了？紙類也是一種不可小覷的勢力。家裡總是會有一大堆郵件和單據，倘若你又有小孩的話，還會多出美勞作品、學校作業、通知單、成績單，各種跟運動營隊、鋼琴課和生日派對有關的宣傳單……快別讓我說下去了。

每張紙就像每件衣服一樣，都必須經過分類、決定和保留的過程。每一張紙都要。

對於紙張這種東西，若是看到一張就處理一張，恐怕會把人逼瘋。不過話說回來，你也不能把紙張丟在那累積成一大堆，等到廚房桌面都被占滿了或你都累垮了才去整理。

---

* 我曾在《懶惰天才Podcast》節目裡介紹了幾個訣竅，結果聽眾的電子郵件蜂擁而至，他們認為我對清潔廚房花了這麼多心思其實瘋狂得很合理，因為我那些如何讓清潔廚房更輕鬆的建言拯救了他們的人生。沒錯，我的確很瘋狂，不過我的做法也是對的。

所謂集中處理是**一次把同樣類型的紙張全部處理好**，而不是一次處理好所有的紙張或一張張處理。

在廚房很受用的分區模式，也很適合用來分類紙張，讓你能夠一次處理好同類型的紙張。以下分區是我個人採取的分類方式，不過重點還是在於先找出你的紙張可分成哪些種類，然後再分區收納，等你有空時再去處理。

## ▼時效區

明顯有時效性的紙張，譬如帳單、活動邀請函和需要簽名的學校通知單等等，應當放在一個專屬的位置，別跟其他紙張混在一起。

我想大家都很清楚不這樣做的話會有什麼後果。你把全部的郵件都丟在桌面上，然後特別將瓦斯費帳單擺在最上面，以免忘記繳納，結果孩子一回到家，又把一疊從學校帶回來的紙張丟在同樣的地方，丈夫也來補上一本汽車雜誌，莫名其妙的是，一條狗鍊也擱在那兒，現在那一堆亂七八糟的東西讓你看了就心煩。

分類一大堆雜七雜八的東西反而會耗掉更多心力，因為每樣東西都需要不同的處理方式，這也表示你沒辦法集中一次處理好這一大堆紙張。

所以，請把這些具有時效性的紙張歸為一區，每隔一到兩個星期就要檢查一次這個收納區。把帳單付一付，通知單簽一簽，該回覆的請柬也回一回。

我很喜歡坐下來處理時效區的紙張，因為要做些什麼事我很清楚。這些紙張出現在我們家的時候，我就已經先行將它們分類到適當的收納區，所以處理起來只要幾分鐘時間就能搞定。

**加分祕訣一**：把整理時效區的日子記在行事曆上或設定手機鬧鈴，提醒自己每兩個星期要檢查一次這堆紙張。

**加分祕訣二**：把需要立刻處理的紙張放在冰箱上、錢包上，或任何能夠提醒你「別忘記這張東西」的地方。

### ▼回收區

那些就眼下或未來而言都沒有什麼意義的紙張，就別為它們浪費時間了（廣告目錄，我就是在看你沒錯）。有些紙張直接放進「回收區」就好。

我滿愛想像自己是那種喜歡翻翻目錄買個東西的人，不過一想到郵購必須讓我跑郵局去付款或退商品，而且還必須找地方擺郵購買來的東西，我就打退堂鼓了。

無論是商品目錄，還是插在信箱裡的餐廳優惠券（那些都不是我們會想去的餐廳），抑或其他各式各樣的垃圾郵件，都應該立刻清掉，別占用你的空間。假如你把這些東西留下來，結果跟重要的紙張混在一起，到時候做分類一定更麻煩，也更花時間。

當你拿著一疊郵件走進家門，請直接把你已經確定不會用到的東西扔掉，這個舉動雖然是在清除雜物，而非集中處理，不過這個重要步驟可以提高你之後集中處理的效率。

### ▼美勞區

我的三個孩子很愛塗鴉畫畫，彷彿這就是他們人生的全部（我很確定我家老二就是個視畫畫如命的孩子）。除了在家裡的創作之外，他們在學校和教堂的美勞活動也不少，所以不用多久，各種著色紙及以馬力歐為主角的圖畫就在我家氾濫成災。

由於孩子們的畫作完成度不一，所以天天整理的話也顯得沒必要，一來是因為太花時間，再來就是今天看起來特別珍貴的作品，到了明天也許就沒那麼特別了。

我會把這些東西都收在「美勞區」。

我們準備了一個很大的收納籃——所謂的很大是指剛好可以放五胞胎新生兒的那種尺寸——專門放這些塗鴉畫作。每次上主日學畫的著色畫，或每一張紙片、每一張畫完的大作都會放進這個籃子。

等到這個籃子滿了我才會去整理，一秒鐘都不會提早。整理一整籃的紙張大概要花二十分鐘，我會將紙張分類成「保留」、「垃圾」和「再利用」三種。如果被歸在保留類的紙張當中有二十張蒙娜麗莎的圖畫，我就很容易從裡面挑出我最想保留的三張。倘若天天都要我決定應該保留哪些圖畫的話，大概二十張蒙娜麗莎都會被我留下來，因為我壓根不知道自己的小孩老是在畫同樣的主題。*

決定保留的紙張會收入另一個塑膠桶，裡面放的都是最心愛的畫畫作品，等到這個桶子滿了之後（已經用了九年還沒滿），我再想想該拿這個桶子怎麼辦。可以重複利用的紙張則收到專放美勞用具的櫃子裡，其他的紙張就全部丟到資源回收桶。

我知道建議各位準備很大的區塊來放美勞作品，跟我先前提過的郵件處理方式完全相反，聽起來好像很諷刺，不過整理孩子的美勞作品畢竟不同於付帳單。你不需要看完整封信也知道怎麼處理銀行寄來的文件，可是美勞作品卻必須全部仔細看過，才能知道哪些東西值得保留、哪些只是畫好玩的。

有些紙張往往最好處理，譬如帳單這一類的東西，但有些卻最不好處理，美勞作業就是一個例子。無論你隔多久整理一次，一定要有個地方先存放這些紙張，等你有空再去處理。

### ▼未來區

你因為某種原因把幾頁雜誌撕了下來，又或者同事在員工會議上提供了一道你吃過最美味的烘蛋早餐，所以你跟他要食譜，他便手寫了一張食譜給你。諸如此類的紙張很多，也許日後會另有一番特別的用途，但這種性質的紙張好像擱哪裡都不對，如何解決才好？不妨設一個「未來區」吧！

將這些臨時起意剪下來或寫了東西的紙張收在一處，然後再找機會一次整理好，比方說把食譜弄成表單，將樣品屋的照片照下來收進Pinterest的圖板裡，或把想記錄下來的東西加到Evernote程式當中。紙張要怎麼處理不重要，重要的是應該集中一次處理好。

---

＊ 二十張這個數字不是誇飾講法，我家老二這個七歲小男孩，至今大概已經畫過一百多張蒙娜麗莎。

## 食物

挑選、備菜和料理食物其實就是集中處理這個訣竅發光發熱的舞臺所在。正因為人一天要吃上好幾回，把特定步驟一次做好的話，可以精簡整個流程，讓你的生活輕鬆很多。以下提供幾個可行的方法，供各位參考。

### ▼晚餐計畫

晚餐計畫本身就是集中處理的一種形式。把一個步驟——也就是決定晚餐的菜單——全部一次做好，比方說一次決定好數日、一週、一個月或任何期間的晚餐菜單，隨你高興。只要一次選擇好，你就有多的心力可以用來做後面的其他選擇。

我在計劃晚餐時會合併應用一次決定好這個守則，讓晚餐計畫更加輕鬆。通常我會限定自己只參考一本食譜書，而且只從我所謂的「不花腦筋的大眾菜」菜色清單中挑選，不會到處參考，搞得沒完沒了。我選出來的都是我或我丈夫容易做的菜色，多半也是全家人都愛吃的菜。我一次決定好下個月要參考哪本食譜和哪份菜色清單，這樣一來，我就把決定晚餐計畫這件事集中處理完畢了。

### ▼食材準備

訂好晚餐計畫之後，若是發現其中有兩樣菜色用到相同食材，比方說都需要洋蔥丁，就請一次切好兩樣菜色要用到的洋蔥丁分量。畢竟你本來就要切洋蔥丁了，能一次做好就別分兩次做，免得讓自己多辛苦一次。

有時候，你不必等到訂好晚餐計畫才集中處理備餐作業。舉個例子來說，你趁特價時買了好幾包雞肉，回家之後別忙著將雞肉塞進冷凍庫、冰到天荒地老，不妨先集中一次把這些雞肉全部預做處理。

不管你要用雞肉做什麼料理，都必須把雞肉從包裝袋裡拿出來先醃製過，既然如此，你可以用鹽巴把所有雞肉先醃過，接著再用保鮮袋將雞肉分開包好，讓之後做晚餐輕鬆一點（你好，神奇的問題，又見面了）。或者，你可以更進一步先把雞肉切塊，然後分成幾袋裝好，再用自製的滷汁或去店裡買你喜歡的滷汁倒入袋中。

如果某個食材的準備作業需要做好幾次，但現在有空一次全部做好的話，就集中一次處理好。

### ▼收納食物雜貨

跑一趟雜貨店採買一大堆東西回來之後，大家通常會把袋子打開，先從裡面拿出什麼東西就把這樣東西收進櫃子裡，不過這樣一來就變成必須一直挪空間，才有辦法把後來要放的東西收進去，所以其實很浪費時間。

更有效率的做法是，先把買回家的雜貨拿出來分區放好，再一次收進櫃子裡，比方說可以分成冷藏區、冷凍區（先將這一區搞定會比較好）、儲物櫃區等等。

我很喜歡全家總動員集中處理雜貨的收納工作。如果同時有兩個人以上都要把罐頭放到同一個地方，勢必容易撞在一起，但透過分區收納的方式，每一位家人負責一個區塊，就不會擋到其他人的收納路線。

倘若你想將雜貨的集中處理做得更極致，不妨在採買時就先在店裡將雜貨分區裝袋，搶得先機。需要冷藏的東西放這個袋子，要冷凍的東西就放那個袋子，以此類推，這樣一回到家之後連想都不必想，就可以直接把分類好的雜貨歸位。

## 集中處理學校的情人節卡片

要是到目前為止，你還覺得我不算瘋，請先綁好安全帶。

以小孩班上要用到的小卡片為例，千萬不要一張做好再換下一張，最好全部卡片的同一個步驟一次集中處理好。

首先，先把壓有虛線孔的卡片全部一次撕開，然後在所有小卡的「收件者」位置按照名單依序寫下每一位同學的名字，這樣才不會寫著寫著就搞不清楚現在寫到哪個名字。*接著再寫你家孩子的名字，因為這個部分最簡單（除非你忙著跟她說話，導致本來萬無一失的步驟出現意外狀況……）。最後，把卡片一一裝入信封，如此便大功告成。一張做完再換一張以及集中處理法我都試過，我可以向各位保證，集中處理真的比較快完成，也不用花什麼腦力，對於不是那麼重要的差事來講，有自動化模式真好！

## 別做沒用處的事

除非集中處理可以幫你讓生活輕鬆一點，否則不必這麼做。

你若是喜歡每天檢查孩子的作業，或想隨心所欲地整理你的雜貨，**當然可以！**不管是集中處理還是其他哪一項懶惰天才守則，其精神都在於讓你可以輕輕鬆鬆做不重要的事，然後把心力盡量放在真正重要的事物上面。

因此，倘若集中處理帶給你的是壓力，就千萬別這麼做，這種做法只有在能真正幫上你的忙時才有它的價值。

＊ 要不然就是漏寫某位同學的名字。這種事絕對不會發生在我身上，絕對！一次都沒有！（好啦好啦，當然發生過！）

▼**本章重點**

- 集中處理就是指一次把同性質的事情做完。
- 集中處理會讓你進入「自動化模式」，但不會害你變成僵化的機器人，反而能給你更多餘裕去做重要的事情。
- 找出你經常重複處理或必須重新做過的活動，然後用集中處理的方式來看看能否提高效率。

**——跨出一小步——**

今晚就開始分區清潔廚房，看看能否加快整個流程。

集中處理是很棒的生活小撇步，不過小撇步應該用在真正重要的生活層面上才能發揮效果，否則的話就只是提升了做瑣事的效率而已。

接著就來談談如何抓出重點，把事情精準化吧！

— 懶惰天才守則十 —

# 精準化

我在寫這一段的時候恰逢大齋節（Lent），為此節期我已經戒掉了跟工作無關的Instagram。最初出現戒掉Instagram的念頭時，我並沒有多想就將之拋諸腦後。在我的觀念裡，一般對Instagram的看法往往不是大好就是大壞，換言之，要不就懶惰以對，任由Instagram全面掌控你的生活、劫持你的大腦，要不就在使用Instagram時當個天才，把它從手機裡刪除，永遠別再用它。我個人對這個社交軟體的觀點雖不至於如此壁壘分明，但我也不禁納悶，為了大齋節把Instagram戒掉的決定會不會把我自己也歸類為「Instagram是壞東西」那一派。

葛瑞格．麥基昂（Greg McKeown）著有《少，但是更好》（*Essentialism*），他在書中提出了人應該刻意去做去蕪存菁的主張，我因為每年都會把這本書讀過一遍，所以他的觀念早已深植我心。也因此，對於要不要戒掉Instagram這件事，我很清楚沒必要用太極端的思維去看待，若是用精準主義來思考會比較全面。由於工作的關係，我經常掛在Instagram上，但漸漸地我也懶得管自己使用這個社交軟體的頻率有多高，或者更確切來講，要管的應該是我究竟「為了什麼目的」而使用它。

因為我忘了重點在哪裡。

不過到了大齋節後期，我想起重點了。

我想念我那些知交對生活投入的模樣，我想念Comments by Celebs那些令人發笑的照片貼文，我想念詹姆斯．麥艾維（James McAvoy）在蘇格蘭山頂上直播的情景。對我來說，參與朋友的生活、對著好玩的照片貼文笑一笑，追蹤詹姆斯的身影，都是很重要的事情。*

那麼哪些東西不重要呢？廣告就不重要，那些廣告總是誘惑我去買沒必要買的東西。某些帳號也不重要，因為我純粹因為帳號主人很美才追蹤，但也因此常讓我陷入比較的情緒，反而一點都不開心，而且只要一無聊就會想去滑。這些部分我一點都不想念。

> 如果不是最重要的事情，那便是雜訊而已。

各位猜猜，大齋節結束後發生什麼事？

我打算對Instagram去蕪存菁。

既然我已經明白哪些是要緊的事，我就可以取消追蹤那些對此毫無幫助的帳號，或用靜音功能隱藏它們，這樣我就不會因為某些動態而害自己陷入比較、評斷或浪費時間的泥沼。

如果不是最重要的事情，那便是雜訊而已。

## 精準化的重要性

假如你想把握重點，拋開瑣事，就必須先「知道」哪些事情最重要。

* 我丈夫知道我有多迷詹姆斯．麥艾維，我們超酷的！

這番道理不只是你家沙發上方的牆上掛著的那句人生意義宣言而已，它也可以應用在你家抽屜、你的錢包和行事曆上。

找出最重要的事情，有助於你清楚看到自己到底需要做什麼才能支援這些事情。

找出最重要的事情，也有助於你清楚看到**精準重點**是什麼。

> 如果生活裡充滿了不重要的瑣事，你就會在不知不覺中增加雜訊，而應付雜訊又是造成你疲憊不堪的原因之一。

如果生活裡充滿了不重要的瑣事，你就會在不知不覺中增加雜訊，而應付雜訊又是造成你疲憊不堪的原因之一。

你小時候玩過「未來的我」（MASH）這個遊戲嗎？這個遊戲可以預測你將來會住在什麼樣的地方（MASH就是豪宅（mansion）、公寓（apartment）、棚屋（shack）和房屋（house）這四種住宅的英文開頭縮寫）、跟什麼樣的人結婚（十二歲的女生哪有辦法想像沒有老公的未來生活）、做什麼樣的工作，還有你會生多少小孩來永遠終結你的職業生涯。*

> 我們往往以為人生是由重大的決定所構成，以為你住的地方比你在這個地方如何過日常生活更重要。

我們往往以為人生是由重大的決定所構成，以為你住的地方比你在這個地方**如何過日常生活**更重要，但請別忘了小處著手的威力。我們在日常生活中所做的每一個小決定為人生所創造的意義，勝過那些重大決定。

你選擇的重點愈是精準，而且刻意去支援這些重點的話，那麼你需要應付的雜訊就愈少，也就得以保留更多精力去實現人生。

## 少即是多

假如你像我一樣，大概會靠著增加物品來尋找人生的成就感。

比方說，你對穿著的選擇不滿意，所以買了更多衣服。你覺得工作排得太滿，所以加了更多抒壓行程來補償自己。你覺得自己廚藝不精，沒辦法做出美味的料理，所以從購物平台QVC添購更多廚房用具和一套全新的鍋子，彌補你自覺不足的心情。

你靠增加東西來滿足自己，但得到的卻是空洞、短暫的滿足。

而且現在還多了更多雜訊要應付。

其實只要運用**減法**，把讓你看不到要緊事情的東西都消除掉，只留下**精準重點**，你就能得到

* 現在我才知道這個以性別刻板印象為根據的遊戲也太嗆了。

成就感。

這便是精準主義的本質，我衷心感謝葛瑞格．麥基昂巧手將這個觀念轉化為行動，讓我們都能把握要事，拋開瑣事，過著更棒的生活。麥基昂在書中提到：「服膺精準主義的人會刻意做取捨。」【5】

其實只要運用減法，把讓你看不到要緊事情的東西都消除掉，只留下精準重點，你就能得到成就感。

懶惰天才也一樣。我明白要你去除會妨礙你過重要人生的東西、約會甚至是人際關係，聽起來是有點洩氣的事情。加法畢竟比較有趣，買東西畢竟比較好玩。我昨天去家居店Hobby Lobby替孩子買水彩紙，結果逛到欲罷不能，必須強迫自己只能買當初要買的東西。

難道我想另外買一個白色陶瓷小動物放在書桌上有錯嗎？當然沒有錯。但以精準化的精神來講，我會做出取捨。我寧可桌面上的雜物少一點，這樣會比桌上有小擺飾更容易清潔。我寧可把那十二美元存入我們家的公路之旅基金，也別用來買一個短暫的購物快感。

購物本身沒有罪，我還是會買東西，也很愛買。但抓出真正重要的事情並好好把握，我就有辦法只選擇精準重點。

減少雜訊可以為你已經擁有的東西增添意義。

所以請謹守精準重點。

## 選擇的力量

我無從得知你現在過著怎麼樣的生活，又為何會過這樣的生活，但若說你可能已經忘記自己有能力決定要如何過生活，相信也不為過。其實你比想像中更能夠控制自己的選擇，只要你「有意識地」去做選擇的話。

在「懶惰天才守則二」這一章當中，我們談到從小處著手的力量，也就是小小的決定可以發揮巨大的影響力。按照你平日的作風去做事情、買東西或安排行程是很輕鬆，但你做的選擇如果並不是真正重要的事情，那麼你選擇的也不過就是雜訊罷了。

你可以有不一樣的選擇。

不過，當我說你有不一樣的選擇時，我指的是公司聖誕派對要準備杯子蛋糕，你打算用買的還是自己動手做，或者你決定要不要重新裝潢臥室，抑或你選擇不買哪樣東西，把錢省下來，以後說不定有機會去生平還沒去過的美國西北地區一遊。

當我談到採取作為來支援你重視的事情時，有一點必須鄭重澄清，那就是什麼事情很重要因人而異，也深受一個人社經地位的影響。所以我雖然十分希望我們每一個人都能全心全意過生活，但我也必須承認，這個觀點深受我是美國中產階級白人女性這個背景的影響。我是一個有簡易車庫，也有度假基金，更不需要讓自己餓肚子才能餵飽孩子的人。我有閒情逸致去創造有意義的人生，也有餘裕去思考我想要擁有幾件羊毛衫。我的生活裡有很多特權，也許你也跟我一樣。

又或者你不是這樣。

一個人有沒有能力做選擇，會受到諸如排擠、虐待、創傷和偏見等因素的影響。像我在暴力家庭中長大，未必會有選擇權這樣的東西。我不想潑大家冷水，不過這是一定要先認清的事情。

沒錯，每一個人生來都有選擇，但有些人在做選擇時就是比別人輕鬆。我只是要各位知道，我懂這個現實，我也懂你。

然而，無論我們每個人的生活樣貌與步調為何，大家其實都想追尋人生的意義。換言之，我們都渴望在這個地球上、在我們的家，和家人好友共度美好的時光。

那就讓我們來精準化吧！

## 如何判定某件事是否為精準重點

那是幾年前的事了，我很想學編織，所以就去手作店買了一打漂亮的毛線和幾支粗細不一的棒針，也找好一些提供編織花樣的部落格。結果我學了編織沒？呃……沒有。這都是因為我沒有抓出精準重點的關係。

我知道學編織很重要，但為什麼重要呢？事後想想，我知道編織可以讓我的生活更單純，讓我在忙了一天之後得以靜下來專注做一件事。不過在當時，我並沒有抓出這個重點。

你必須知道這件事「為什麼」重要，才會知道精準重點在哪裡。

我需要一個簡單的計畫，來幫助我學習編織。該把握什麼精準重點才能支援這件事呢？一球毛線、一組棒針外加一支廣獲好評的YouTube教學影片就行了。

可惜我當時沒能冷靜處理，結果把事情弄得一團亂。選擇太多害我分心，使我無法專注於精準重點上。我未能從小處著手，所以最後還是沒有學會編織。

我讓整個過程加進太多干擾，以致於忘了真正重要的地方是什麼。

我再舉一個例子；以前我家儲物櫃裡有一整層架子擺滿了各種口味的茶包。茶葉對我來說很重要嗎？當然很重要。冷冷的午後泡上一杯熱茶，這是我十分喜歡的儀式，而且泡茶可以讓我放慢步調，這很重要。

但是總共有十五種口味的茶包可以選，這就不是什麼重要的事了。我選來選去，終究還是會選伯爵茶，既然如此為何還要一直買其他口味的茶包呢？其他口味的茶包不重要，它們就只有增加雜訊的功能而已。

**泡茶**很重要，但如果不必從滿滿一鞋盒的茶包中挖出我要的伯爵茶，我一定會更常泡茶。除非這個選擇可以直接為你重視的事情加分，否則它一點也不重要。

## 用三步驟精準化

麥基昂用三步驟來找出精準重點，我也如法炮製，將之改造成適合懶惰天才過生活的三步驟。你若是想為某個房間、某個習慣或某段人際關係去蕪存菁，先思考以下三點：

一、找出真正重要的事情是什麼。

二、消除不利於重要事情實施的障礙。

三、只把握精準重點就好。

我們家的客用衛浴真的有點傷眼，我要是沒有謹守那塊空間的重點，恐怕只會增加更多雜訊、壓力和很多不必要的東西。

先容我帶各位參觀一下。這間衛浴裡有一扇不算窗戶的詭異窗戶，但窗戶上真的有百葉窗，另外牆上的油漆也嚴重剝落。

馬桶旁邊的那面牆布滿了鉛筆的刻痕，因為我兒子坐在馬桶上回應大自然的呼喚時一邊做他的數學作業，但因為手邊沒有紙可以拿來計算，所以就用了那面牆。

那可是真正的牆……

衛浴裡面還有一個閒置的床頭櫃，雖然跟衛浴空間完全不搭，但我們還是把它塞進去，因為總是要有個地方來收納毛巾和衛生紙，但我們又不想買新櫃子。

顯而易見的是，這間衛浴的狀態不佳，不過你猜我怎麼想？

**這一點也不重要。**

精準化的第一步是找出重要的事情是什麼。我們這間衛浴最重要的功能就是為使用它的人提供乾淨、實用又愉快的經驗。

第二步為消除不利於重要事情實施的障礙。這表示沾了牙膏的擦手巾、躺在浴室地板上那一堆《凱文與跳跳虎》(*Calvin and Hobbes*)書本*，還有我期待衛浴要有喬安娜．蓋恩斯設計風格的心情，全都是障礙。

第三步則是只須把握精準重點就好。也就是說，擺上香氣宜人的肥皂、足夠的衛生紙，在一眼就能看到的地方放一瓶Poo-Pourri馬桶香氛噴霧，方便有需要的人使用，還有床頭櫃裡面也要記得放一罐高樂氏（Clorox）居家清潔殺菌濕紙巾，可以讓清潔工作便利又快速，做這些就能掌握重點。

當然，這間衛浴看起來可能還是跟住宅改造節目的「改造前」照片很像，但只要精準重點有顧到就好，這才是真正要緊的地方。

我選擇對衛浴抱著狀態尚可就好的態度，只挑我重視的地方、跳過其他瑣事，如此讓我每天省下了很多力氣和腦力。也許有一天我會更重視這間衛浴，但目前先這樣就好。

假如你希望家中的衛浴像「改造後」的照片，是不是就表示你和我之間有人觀念錯誤？當然不是。有時候難免會不小心把別人重視的事情混為一談，但無論如何這都跟你注重的事情無關。切莫忘記，你和別人對於重點的選擇跟做人好壞無關。

---

* 孩子們的廁所讀物，不是我的。

接著我們來看看幾個例子，了解如何在實際生活中做到去蕪存菁。

## ▼精準化案例分析一：穿著打扮

由於我不認識各位，也不知道你家衣櫥裡有什麼東西，所以我就以自己為例來說明。

首先，我必須把我在穿著打扮上重視的事情找出來。這很簡單，我希望輕輕鬆鬆就能挑出讓我穿起來很自在的衣服。輕鬆做決定很重要，最好我挑的第一套穿搭就是我最後會穿在身上的衣服。

第二，我必須把不利於我落實重要事情的障礙消除。對我來說選擇太多、衣服不合，還有非我風格的衣服都是障礙。

第三，我只需要把握精準重點，這表示我最喜歡穿黑白色系和丹寧衣褲，五彩繽紛的穿著讓我不自在。請賜給我桃樂絲還沒進入奧茲國之前那個黑白風堪薩斯吧！

現在我的衣櫥和著裝過程都已經精準化了。我找出自己重視的地方，做到只把握精準重點並消除其他障礙，藉此營造出一個跟我的重點相互搭配的環境。

最棒的地方就在於此。假如對你來說有很多穿衣選擇非常重要，因為你喜歡發揮創意，用穿著來展現自己，那麼你的重要衣櫥裡的內容物就會跟我的大不相同，**也理應如此**。

不必用「愈少愈好」的思維來看待精準化，尤其如果你又對充滿各種選擇的大衣櫥情有獨鍾的話。

## ▼精準化案例分析二：花錢

我不會對各位花錢的方式置喙，所以就用我個人的狀況來探討好了。

首先，我和卡茲必須先就金錢方面，把我們覺得最要緊的地方找出來。我們兩個都認為應該把自己的財務狀況向對方據實以告。我知道這個答案聽起來也太神聖了，但這是事實。我們夫妻倆把所有財務狀況都攤開來看；我們求學的時間相同，總是吃便宜的義大利麵，第一年靠公立學校薪水生活的時候，每一分錢對我們來說都很重要。現在在用錢方面我們多了一點自由，因為兩人都有收入，但無論碰到什麼狀況，我們都希望彼此坦白財務狀況。我們認為最重要的就是做出負責任的選擇，慷慨的付出，並且用我們的錢讓全家人好好體驗這個世界。

第二，我們必須把不利於我們落實重要事情的障礙找出來並加以排除。讓我們無法謹慎花錢的事情，比方說衝動購物，或買一些正在特價但我們根本不需要的東西，又或者忘記每一分錢對我們影響甚鉅，這些都是障礙。

第三，我們只需要把握精準重點就好。從我們重視的事情來看，最重要的莫過於追蹤我們花的每一筆錢。假如我忘記把某筆支出輸入記帳軟體，下一筆往往也會拖延，再下一筆也是如此。一個星期之後，我就會看到錢包裡塞滿發票，但搞不懂這一週來到底把錢花到哪裡去了。有鑑於此，追蹤支出很重要，這樣我們才能聚焦在真正重要的事情上面。

你大概也希望在用錢方面能夠更謹慎，如果先弄清楚你對金錢的重點原則是什麼，就會比較容易做到。你若是嘴巴上說「我希望花錢時更理智」，但實際上沒有任何具體的理由，就很難做到精準化。

## ▼精準化案例分析三：打掃衛浴

我想不到任何恰當的字眼來形容我有多討厭打掃衛浴。衛浴有一大堆灰塵，又很潮溼，充滿了我說不出口的東西，所以每次我打掃完都覺得有必要洗個澡。

不過話雖如此，衛浴還是必須打掃的，至少在多數情況下是如此。那麼該如何把整個打掃衛浴的流程精準化，讓我願意提高打掃頻率，又不會想把自己的手剁掉呢？

首先，我必須先找出打掃衛浴最要緊的事情是什麼。對我來說，最重要的就是竭盡所能用最快的速度把衛浴打掃乾淨。

第二，我必須問自己哪些事情會妨礙我落實重要的事情並加以排除。清潔劑太多就是其中一個問題，我有時候甚至會忘記清潔劑擺在哪裡，所以我應該先精簡這些清潔劑，把障礙去除。此外，最好別等到衛浴髒到噁心的程度才打掃，這樣我才不會對打掃衛浴心生厭惡。

第三，我只需要把握精準重點就好。就我重視的事情以及不利於重要事項實施的障礙來說，我的精準重點就是每週打掃一次衛浴，以免衛浴太髒，同時也要盡可能保持整潔，才能盡快打掃乾淨，而且一間衛浴放一瓶清潔劑就好，才不會花時間尋尋覓覓，弄到最後都沒心情打掃。

## 任何事都可以精準化

你家收納銀餐具的抽屜讓你心煩意亂嗎？也許是因為你來者不拒，總是忍不住收下別人送的餐具，導致你家餐具多到沒必要，所以這個抽屜才會滿到快裝不下。

家裡的化妝品讓你心煩意亂嗎？你說不定只用五樣化妝品，結果現在必須從三十樣化妝品中挑出這五樣。

高乘載車道讓你心煩意亂嗎？也許你忘了每天接孩子時開心地迎接孩子上車，比抱怨當初怎會設立高乘載車道這種東西還要來得重要。

請切記，凡事從小處著手，不必急於今天就把生活的各個角落精準化，但如果你覺得心情上或周遭環境裡有讓你煩心的東西，就針對這塊空間去蕪存菁吧！

**▼本章重點**

- 精準化是指消除其他瑣事，讓你能專心做要緊的事，不一定是愈少愈好的意思。
- 把真正重要的事情找出來，除去造成妨礙的瑣事，只保留精準重點。
- 你必須自己做選擇，別讓別人來決定你重視哪些事情。
- 任何事都可以精準化，所以別猶豫，立刻試試看，只要從小處著手就好。

**——跨出一小步——**

先精準化你家那個放置餐具的抽屜吧！

你的家一旦朝著去蕪存菁的路線前進（千萬別想著一次到位，慢慢來就好），就會發現有些事情做起來特別輕鬆。不過在這個過程當中，無論你把生活精準化到何種程度，有時候做事的順序十分重要。

接著就來探討如何用正確的順序來做事。

— 懶惰天才守則十一 —

# 以正確順序做事

剛結婚那幾年，我發現洗碗機明明還有空間，卡茲卻用手洗碗盤。

不好意思，**這到底是為什麼？**

在我看來這簡直是神經錯亂。他難道不知道其實不用自己動手洗嗎？我的新婚丈夫啊，神奇的洗碗機還有空間，你到底怎麼了?!

這件事快把我搞瘋。

事後想想，卡茲當時是弄錯做事的順序了，不過我也一樣。他沒有從對的事情下手，而我則是一開始就沒用對心態。

用正確順序做事可以提升效率，但如果把效率當成主要目標，就會變得過於執著於當個天才。你在錯誤的事情上太努力，最後就會因為想幫忙的丈夫做事沒效率而生他的氣。

至於懶惰的做法，其實就是用預設心態去應付事情，不主動去做選擇。也就是說，你或許不會放棄用正確的順序做事，因為你根本不知道有所謂正確的做事順序。有些人天生不會這樣看事情。

假如你就是這樣的人，那麼我衷心希望本章可以為你開啟一扇窗，讓你看到用正確順序做事可以為生活帶來意想不到的好處。

假如你是一個用天才視角來看待順序的人，我們就從這個地方開始著手。

## 每一件事的正確順序

不管是什麼事情，比方說填表單或跟別人討論難以啟齒的事情，只要利用以下三個步驟，做起來就會變得更容易：

一、牢記重點。

二、平息怒氣。

三、相信自己。

做事缺乏具體的步驟就只能坐以待斃了，你說是吧？我不會要各位邊做事邊吹口哨，然後告訴你這樣事情就會順利解決；我想要告訴大家的是，你若是能從實際的日常任務開始著手，這些事情一定能發揮更多影響力。

**觀念速成**

也許各位在找出重點方面需要一點指引，特別是關於家事這一類的事情，所以提供以下幾個概念給你參考。

整理家務並不是重複收拾家人製造的混亂，因為他們全都是不知感恩的野獸，你只好什麼事都自己攬起來做；整理家務是為了騰出空間，讓大家可以有目的性地創造新的混亂。

換床單不會讓房間看起來很亂；換床單是為了讓家人可以在乾淨的床上享受那種舒適感。

運動不是為了瘦身、為了被他人接納而不得不做的事情；運動是一種照顧身體、釋放壓力的儀式。

洗衣服並不是一場決定你對生活能掌控多少的判決；洗衣服是一個能為衣櫥重新補充乾淨衣物，讓你和家人穿上這些衣服後可以更舒適並展現自我的機會。

清潔廚房並不是要你耐著性子去做沒完沒了的家務；清潔廚房是為了把這塊空間打掃乾淨，將儲物櫃和抽屜囤滿食物與用具，為全家人在餐桌上創造情感連結。

在院子裡除草不是懲罰（我小時候說謊被罰除草是例外）；除草是為了你心愛的花朵騰出空間，讓它們能好好生長。

打掃房子不是你肩頭上永遠也無法卸下的重擔；打掃房子是一種照顧你的家，為重要的東西騰出空間的方式。

## 第一步：牢記重點

牢記重點是懶惰天才之道的樞紐，如果不從重點著手，你的出發點就錯了。只要記住每一件事的重要之處，你就可以清楚看到哪些是精準重點、哪些只是瑣事，清楚看到現在能做什麼讓事情之後的發展輕鬆一點，清楚看到你的人生季節會如何影響每一件事，而且你也會清楚看到每一個懶惰天才守則的功效。

所以請一定要從重點著手。

## 第二步：平息怒氣

一旦你牢記重點，並重新調整好自己的心態之後，就可以繼續進行下一步「平息怒氣」。說實在的，這不就是生活的終極目標嗎？你常常覺得自己好像無頭蒼蠅或疲於奔命跑著滾輪的倉鼠，對於這種感受你已經厭煩了；你想要的是遠離怒氣，心情多一點平靜。

當你準備要做某件事時，先牢記重點，然後問問自己：**做哪一件事最能夠平息我的怒氣？**

我們已經在懶惰天才的「訂立適當的常規」守則中討論過這一點，甚至這個問題也有那麼一點神奇問題的風格。假如你找到一個可以立刻發揮影響力的活動，然後用這個活動來做某件事的話，一定能更快平息怒氣，說不定還有機會樂在其中。

## 第三步：相信自己

一旦你牢記重點，也平息了怒氣之後，大概就可以憑直覺掌握接下來的步驟，你必須相信自己。

或許你會覺得這種事說比做容易，尤其你的想法往往不得他人信任的時候，比方說你告訴醫生覺得自己身體不大對勁，醫生卻告訴你多睡一點就好。又比如說你敞開心胸告訴某個朋友你對自己個性的觀察，結果朋友漫不經心地回說：「喔，我是沒有這樣看你啦！」

別人如果不相信你的想法，那麼你一定也很容易就把自己的想法拋諸腦後。

然而，你可以相信自己，而且相信自己其實非常重要。

這些年來，我為婦女建立了一些資源，希望幫助她們改善生活，而這些資源多半需要她們填寫一些資料。你知道有多少婦女因為害怕自己會寫錯而拒絕填寫任何資料嗎？你相不相信我每天都收到很多問題，問我本人如何做家事，可見這麼多女性對自己做的選擇沒有安全感？

**你可以相信自己。**

你比我更了解你自己的生活和個性，**所以你是最清楚自己有什麼需求的人**。沒錯，別人有他們美好的洞見，能聆聽並接納他們的洞見是一種恩典，但你不必犧牲自己個人的想法。

請相信自己。

雖然我們探討的是用正確順序來做洗衣服這一類很基本的事情，但你的想法依然很重要。你要是不相信自己，就會把我的建議當成規則，可是你明明比我更清楚自己的需求。

接下來要用具體又務實的案例，來講解如何按照正確的順序做事，而這些順序都是從以下三個步驟來切入：

一、牢記重點。
二、平息怒氣。
三、相信自己。

## 案例分析一：收拾彩色筆

我的孩子時時刻刻都在著色，所以家裡的彩色筆多得不得了。無數個午後時光，我都用來收拾那幾十支的彩色筆和它們落單的蓋子，這些筆和筆蓋到處都有藏身處，譬如椅子底下、窗簾後面和我的惡夢裡。

說真的，這些小孩到底為什麼總是找事給我做？

> 你比我更了解你自己的生活和個性，所以你是最清楚自己有什麼需求的人。沒錯，別人有他們美好的洞見，能聆聽並接納他們的洞見是一種恩典，但你不必犧牲自己個人的想法。

**你們這些小鬼真的用太多彩色筆了！**

不過我的孩子們太愛畫畫了，他們喜歡著色，喜歡想像，也喜歡畫自創漫畫。

當我從孩子就是喜歡畫畫這個重點著手的時候，我的視角跟著轉變了，怒氣也少了許多。我把收拾流落各方的彩色筆當作是在重新整理真正重要的東西，也就是孩子們的「創造力」，這樣一來就不會覺得那些彩色筆很煩人了。

接下來，我問自己可以做什麼來平息這些彩色筆帶給我的怒氣，而答案就是騰出一個方便收納彩色筆的地方。（這個辦法跟物歸原位相互呼應；不知你是否注意到，所有守則都能彼此搭配？）

有時候彩色筆會乖乖待在它們已經破損的盒子裡，或塞在各個抽屜，又或者散落在孩子們的房間裡。就連我的臥房裡出現幾支彩色筆也不是什麼稀奇的事。我說，**到底為什麼會這樣？**

這時就必須平息怒氣了。我們找了一個大籃子來裝彩色筆，然後在廚房桌子旁邊旁挪出空間放籃子，孩子們通常都會在這個地方畫畫。現在家裡每一個人都知道彩色筆就是要丟到這個籃子裡。

然後，你要做的就是相信自己可以搞定後續狀況。接下來要採取什麼行動沒有制式做法，像我家碰到的彩色筆難題就是如此。不過，既然我已經牢記重點，也平息了怒氣，現在的我**看得一清二楚**。我發現彩色筆之所以滿地都是，最大的原因在於這些筆都沒水了；難怪孩子會把不能再用的彩色筆隨手扔在地上！那麼下一步該怎麼做我也清楚看到了：清掉沒水的彩色筆。我不必上網Google「彩色筆收納」，也不必到Pinterest尋覓有創意的解決辦法。我只要牢記重點，平息怒氣，然後相信自己很清楚接下來要做什麼選擇就好。

用這種做法處理你的待辦事項清單或是你面對的挑戰，也許會有過度情緒化或過分簡化之嫌，不過若是採行你慣用的方式，你大概會被各種選項弄得暈頭轉向，不知道該從哪裡著手。請用正確的順序做事：從重要的事情著手，平息怒氣，並相信自己。

## 案例分析二：打掃家裡

打掃整個家大概就像攀爬崇山峻嶺一樣艱鉅，該從哪裡下手也讓人茫然。先從重要的地方開始動手吧！

如果說打掃房子就是在照顧你的家、為重要的東西挪出空間，那麼請花一點時間覺察這個重點，來個深呼吸，讓你對家的感激之情慢慢生根。我知道你很忙，每次到了需要吸地板的時候，沒有時間可以燒乾燥鼠尾草來薰一下空間和氣場，但如果能牢記重點的話，你就會清楚知道何時應該做好哪些事情，何時可以不用去管它。

牢記打掃房子最重要的事情是什麼之後，接下來要思考的就是如何平息怒氣。由於每個人的地雷不同，你的答案自然也跟別人不一樣。

《歐普拉脫口秀》（*The Oprah Winfrey Show*）有一集讓我記憶猶新：那集有一位觀眾說她會裸體打掃。也就是說，她每次打掃時都會把全身的衣服脫光。為什麼呢？因為她覺得打掃的時候很髒，她不希望這種感覺來擾亂自己；顯然脫光衣服打掃家裡，可以平息這位女士的怒氣。朋友們，平息怒氣的方法可多著呢！

哪一個空間清掃過後你會覺得整個家沒那麼讓你想抓狂？哪一樣清潔任務可以讓這個空間不那麼討厭？平息這些怒氣吧！

對我來說，會引發我怒氣的空間就是客廳地板。只要我們家這塊主要的生活空間散布著玩具、書本、襪子和我女兒從抽屜裡拿出來的量杯，我就會覺得腦袋好像未經允許地頭暈目眩。假如這塊空間乾淨整齊，我就會非常平靜。所以說，光是把客廳地板整理乾淨這個單一家事，就能改變我對整個家的感受。

最後就是相信自己。我不需要尋求別人的認同，也不會對所謂「最理想的做法」有所執著。只要按照我的需求、我的時間表以及我願意付出的心力去做我覺得該做的事情，接下來就不會差到哪裡去。

**不必一直去找最髒的地方來打掃**

你或許會覺得有必要去打掃上次清過之後就很少去關注的空間。不過，如果哪裡最髒就去打掃哪裡的話，你就會把時間浪費在不重要的空間上。倘若這個最髒的空間總是害你無法顧到其他能讓你和你家更平靜的空間，就別去管它吧！

最髒的空間慢一點打掃沒關係。

## 案例分析三：打掃衛浴

各位已經很清楚我有多討厭這可怕的空間，不過為什麼衛浴是我最討厭打掃的地方呢？*我不騙你，對我來說，要牢記衛浴這個空間的重點真的很難，因為回報實在來得不夠快。儘管如此，我也明白只要衛浴乾乾淨淨、聞起來芬芳宜人，就會讓我的心情舒服很多，我正是靠這個信念驅策自己完成任務。

從平息怒氣的角度來看，會讓我發火的東西就是那些溼答答的灰塵。

不妨想像一下你打掃衛浴的畫面：你把清潔劑噴在洗臉檯或馬桶裡，接著開始清洗，但這時周遭卻開始有很多藍灰色的髒汙屑屑跑來跑去，這是怎麼回事？

那就是灰塵，你剛剛把那些灰塵給弄溼了。

**怒火就是在這個時候點燃。**我努力要清潔衛浴，但這些溼答答的灰塵源源不絕地冒出來，把我的努力化為烏有，我當然

---

* 我有幾個理由，不過大抵都跟「尿」這個字有關。

會火冒三丈，所以為了平息我在打掃衛浴時可能會出現的怒火，先處理灰塵是最好的做法。

別噴清潔劑，別用溼抹布，先把表面的灰塵全部清掉。

你平息怒氣的方式應該跟我截然不同，不過這種溼答答的灰塵絕對會引爆我的脾氣，所以我理所當然要先處理這個部分，如此一來不但可以讓整個清潔過程更順利，也會讓我的心情更輕鬆。

接下來我就會去處理該做的下一步驟，通常是把表面擦乾淨。

衛浴只要乾淨到某個我能接受的程度，我就不會發火，而打掃衛浴的任務到此也算完成了。

**把衛浴洗得亮晶晶的正確順序**

一、擦掉灰塵。
二、清潔所有東西的表面。
三、該噴的地方都噴上清潔劑，接著靜候片刻。
四、把地板掃一掃或用乾濕兩用拖把來清理。
五、把水槽和馬桶擦乾淨。
六、清潔鏡子。
七、刷洗浴缸和淋浴間。

八、把地板拖乾淨。
九、將瓶瓶罐罐、刷子物歸原位。
十、好好洗個澡，因為你值得。

## 案例分析四：洗衣服

因為人都得穿衣服，所以洗衣服是至關緊要的事。除此之外，我喜歡把洗衣服當作一種充電方式，因為乾淨的衣服可以讓我和家人更舒適。我在分類衣物、洗滌和摺衣收納時，心裡就是抱著這樣的看法，所以做事時更容易樂在其中。

一旦將你覺得洗衣服很重要的原因牢記在心之後（也許你重視的原因跟我截然不同），就可以問問自己能做什麼來平息怒氣。

這個問題的答案可以從會讓你抓狂的事情去尋找。

對我來說，如果我已經花了心思根據衣物最後的收納位置做好分類和洗滌（還記得集中處理嗎？）就會希望我的努力會有收穫，所以這時要是剛把一堆襪子和內衣褲丟進洗衣機洗，卻在家裡某個地方撈到一雙髒襪子的話，我肯定會抓狂。

因此，我會在洗第一批衣服之前，先把家裡每一件要洗的髒衣物全都找出來，用這種方式避免自己發火。否則的話，我一定會因為沒有一次蒐集好所有衣服而失去集中處理分類的動力。

最後，我會相信自己可以用最恰當的方式做事情。說出來會嚇到各位：實際上要洗的衣服可能有好幾批，不過我會決定洗哪一批跟我這一天的生活和心情最契合。

**洗衣訣竅**

你的需求會隨著你洗的內容物以及你時間充不充足而有所不同，不過只要利用以下幾個訣竅，就能找出正確的洗衣順序。

- **先從床單著手**。床單本身就占有一定的空間，所以可以直接單獨洗滌，不必和其他衣物一起洗。基本上家裡的床單很好找，不會有必須四處尋覓的情況。
- **這一批衣服正在烘乾時，根據你接下來的行程挑選下一批要洗的衣服**。比方說，如果衣服會在你出門去接小孩放學時烘好，就先別洗容易起皺而必須掛起來晾的衣服，否則等你回到家，那些衣服都躺在洗衣機裡面變皺了。
- **利用晚上洗衣服**。假如你晚上蒐集好衣服並做好分類之後，先洗一批會變皺的衣服，然後把這些衣服晾起來，你就可以去睡覺了。又或者可以在睡覺前先把要洗的衣服放入洗衣機，並設定成在你起床的時間啟動，這樣一來，你都還沒喝完一杯咖啡，就有一堆衣服洗好等著你了。

## 案例分析五：計劃你的一天

你不必非得把工作效率當作一天的目標。

假如有一整天的時間可以好好休息或抱著寶寶，又或者不必去看一眼待辦事項清單的話，那也很好。把生產力當作一日計畫的標準常規，你恐怕就會錯過很多可以讓工作效率更有意義的事情。

首先要做的是牢記重點，這表示你應該先決定重要的事情是什麼。

有些日子確實需要工作效率，比方說趕期限時可想而知會有執行上的急迫性。工作效率本身並不壞，但不必凡事都以它為依歸。

不管你是在前一晚還是晨起睡眼惺忪之際計劃你的一天，首先要做的就是先牢記當天最要緊的事情是什麼，譬如與人連結、把家裡打掃乾淨讓自己更舒服自在，去跑一跑抒解身體的壓力，或者生活上要進入忙碌的階段，你得用神奇問題來搞定晚餐計畫，所以當務之急就是把冰箱囤滿。

有時候最要緊的事情很務實，有些則是精神層次或具體明確的事，又或者有時候是一個在失意的心情下想求得平靜的願望。無論你那一天重點是什麼，請把它**確實找出來**。

下一步要思考的便是，你可以做什麼來平息今天可能會出現的怒氣？試著找出答案來吧！你每天都會因為各種不同的原因而有快發瘋的感覺，但只要從最要緊的事情去思考，就能想清楚答案，並且採取某一個行動就能讓你這一天過得更順心。

最後要做的就是相信自己。請你相信自己已經很清楚今天要把握哪些重點，也知道哪些事情可以改日再做。請相信家人朋友並非因你的所作所為才珍視你。請相信自己去接上完足球課的孩子時，可以在回程路上順道去雜貨店取貨，而雜貨店的袋子裡有什麼就吃什麼，因為你跟孩子共處的時光最要緊，一頓看起來光鮮亮麗、值得在Instagram發照片的晚餐不是重點。

## 順序至上的時候

說不定各位現在深受啟發，想立刻用**牢記重點**、**平息怒氣**和**相信自己**的順序來做事，我會為此感到滿心歡喜與溫馨。

不過呢……

我希望我丈夫在手洗碗盤之前先試著把髒碗盤放進洗碗機。

我希望我兒子能明白上廁所之前洗手其實是在浪費時間。

我希望我的購物清單若是沒有按照雜貨店

你我都不該將順序奉為圭臬；若是任憑這種機制和順序本身來主導一切的話，勢必會讓我們變得既空洞又機械化，即便嚴格來講我們因此做了很多事情。

貨架擺放順序列出來時，我不要這麼火大。

我希望我不要老是依靠正確順序，才能讓自己過著充滿效率又一帆風順的一天。生活是很微妙的，而且也非常私人。今天我這樣過日子，到了明天未必依然如此。我不知道孩子會不會生病請假在家休息，我會不會頭痛到倒地不起，又或者無預警的路面施工會不會讓我陷入莫名的煩躁。

你我都不該將順序奉為圭臬；若是任憑這種機制和順序本身來主導一切的話，勢必會讓我們變得既空洞又機械化，即便嚴格來講我們因此做了很多事情。

我知道各位想找到一種最理想的做事方式，我也猜想，即便正確順序這個概念很吸引人，但你或許也會嫌它煩。

**康卓拉，麻煩直接告訴我該怎麼做就好，我一定去做！**

你不需要我告訴你該怎麼做，但我可以告訴各位去相信自己。

你比我更清楚該怎麼做會更好，因為這是你的生活。

▼本章重點

- 你比其他人更清楚自己需要什麼。
- 任何任務都能用正確順序來做：牢記重點，平息怒氣，並且相信自己。
- 雖然順序是一種美好的東西，但它不是人生的唯一。

## —跨出一小步—

如果你今天準備了待辦事項清單，請從中挑出一件事，按照這三個步驟去做。仔細觀察用正確順序做事時，對你的心態和效率會產生什麼影響。

碰到不需要拿出工作效率的日子時，要做什麼好呢？好好休息吧！

下一章要探討的正是如何安排休息時間。

— 懶惰天才守則十二 —

# 安排休息時間

我大概每個月會出現一次「身體停擺」的狀況，那種感覺就像得了流感似的，除了關節會痛、身體發冷之外，還會頭痛，通常都是一些討厭的症狀，腸胃也會跟著不適，但事實上我並沒有得流感。

我覺得身體非常疲憊，做什麼事都提不起勁。

我還沒生孩子之前，算是一個懂得休息的人，雖然不是刻意去做休息這件事。因為那時候的我時間比較多，所以週末時會多睡一點，順應身體自然的節奏，再加上我工作的時數也不長，在這種情況下比較有休息的機會，雖然當時並不知道休息有多重要。

有了孩子以後，這些得空的時間都消失了。

當然這一點也不稀奇，有小孩的人就會經歷這段過程。就算跟小孩無關，你也會碰到一些狀況，譬如你需要全天候照顧父母，你的工作時間很長，或是你自行創業，對於這份心愛的事業你必須親力親為。

結果，這也導致了大多數人在休息這方面出現了某種障礙。

然而諷刺的是，不知道該怎麼休息的人，通常反而更需要休息。

## 為什麼我們需要休息

答案很明顯，對吧？但這又是一個明顯到很容易被忽略的原則。

假如想把握真正重要的事情，就必須特別去覺察才能做到。假如你想把事情做好，就必須有幹勁才能做到。覺察和幹勁都需要靠休息才能重新補充。

想必各位也知道，睡眠可以治療傷口、減少發炎症狀，讓你的心喘口氣，還可以調節內分泌。人需要睡眠才能正常運作，我猜你對此一定不會有異議。

但問題來了：你並不覺得睡眠和休息是值得去做的事情。

雖然眼皮沉重到快掉下來，可是你會說你還有那麼多事情要做，有那麼多人要照料，有那麼多影集要看。你大概覺得自己按照目前的休息節奏也都安然無恙地熬過來了，自然這樣子過下去也無妨。你是累了沒錯，脾氣的確也變暴躁了，但基本上都還可以應付，對吧？

假如想把握真正重要的事情，就必須特別去覺察才能做到。假如你想把事情做好，就必須有幹勁才能做到。覺察和幹勁都需要靠休息才能重新補充。

我以前也是這樣想，直到身體點醒了我。

## 休息的正確觀念

有一陣子，我身體停擺的狀況愈來愈頻繁，隔幾個星期就會出現一次。後來我又有幾次恐慌症發作，導致我呼吸困難，必須打電話找人來接我。

我只有在狀況很明顯的時候才會處理。身體停擺時，我會打電話給卡茲，請他早點下班陪孩子，然後我會在肚子上塗葡萄柚精油，吞三顆止痛消炎藥，倒頭睡個十二小時。至於恐慌症這個問題，我會慢慢深呼吸，通常可以恢復過來，不過偶爾有必要的話，得跟諮商師約診。

我只處理眼前的症狀，並沒有去關注問題的根源。倘若我真的認真去思考長遠的解決之道，又往往把事情搞得很大：

> 老天，我需要度個假。
> 我應該走得愈遠愈好。
> 我需要讓自己放鬆一段時間，不要扛任何責任。

接著我就會發誓一定要去買一本講早晨儀式的書，還要上網Google「充分睡眠的祕訣」。我以為解決身體停擺的方法，就是在應對休息這件事時當個天才，等著長假降臨的同時，一邊積極蒐集各種讓自己好好休息的小撇步或訣竅。

你呢？當你想到休息這兩個字的時候，你看到什麼畫面？

也許你會看到一個房間，這個不屬於你的房間裡空蕩蕩的，只有有一張豪華的白色床鋪，窗簾被微風吹拂著。也或許你看到海洋或山巒。你看到自己在某個週末獨自一人待在森林小屋裡，或者一群女孩來一趟美食購物之旅，而且睡到自然醒。在你的想像中有各種美麗的可能性，但沒有一個畫面會有蠻橫老闆或小小孩的存在。

把休息的規模想像得很龐大也是人之常情；要是能離開一陣子，狀況一定會改善。你需要的無非就是休息。

不過諷刺的是，你當真有機會休息的時候，比方說孩子在爺爺奶奶家過夜或其他女孩邀請你去度週末，你卻因為「努力」休息而把自己搞得很焦慮。

**一定要把握時間！這是你七年多來唯一的機會！**

結果休息完回到家以後，生活依舊如常，但你明明不久前才離得遠遠的。

為什麼？

這是因為你不知道該怎麼休息。

在日常桎梏中的你，逐漸對休息表現得愈來愈懶惰。你這樣過日子，也熬了過來，盡你所能，恨不得能有喘口氣的機會，卻覺得這一刻永遠也不會到來。這種極端的心境讓你對一切感到不滿；你原本冀望能得到一整天的休息時間，但結果只有一小時的話肯定會大失所望。你原本夢想能去熱帶島嶼度假一週，可是最後只在本地鎮上的旅館過一夜，想必也會大失所望。無論是什麼形式的休息你都覺得不夠好，而這種不滿甚至會漸漸演變成**生活**也不夠好，生活不夠好就表示我們一定是哪裡做錯了，我們做錯了也意味著**我們本身**不夠好。

當人類很有趣，對吧？

## 自我療癒的真相

想要在休息這件事上當個懶惰天才，就必須先找出哪些事情對你很重要，然後去做這些要緊事，拋開其他瑣事。我發現這種觀點非常適合用在自我療癒的主題上。

自我療癒在現代社會就跟露肩衫和原始人飲食法（Paleo）一樣時髦。*最近大家對自我療癒最為吹捧的說法就是留一點時間給自己，滿足自身的需求，才能成為一個更好、更健康的人，譬如每週用一次面膜，修一次指甲，或者是去跑一跑等等。這些做法著重的往往是身體，甚至有點縱容自己的意味。雖然我在生活上也算是挺縱容自己，不過每天都這樣做就不切實際，也無法解決你疲憊不堪的深層原因。

所謂的自我療癒，應該是指定期去做讓你舒適自在的事情，也就是一種記起你是誰的實踐過程。

## 找出哪些事會讓你自在

我在自序當中說過，你之所以覺得疲憊並非行程安排的緣故，而是因為你太過於努力要成為一個最完美理想的人。當然，行程滿檔也是原因之一。不過話又說回來，這些年來我雖然只忙著跟髒尿布和啼哭的嬰兒周旋，卻把自己搞得跟做股票交易以及在急診室工作的人一樣精疲力竭。

你做的事情未必會造成壓力；你勉強自己去做那個**理想中的自己**，這往往才是壓力的來源。

你整天都在做事情、應付狀況，而且又想太多，所以用不了多久，這一片瘋狂就會讓你忘了自己是誰。

你需要實地去記起自己是誰，在真我的世界裡休息。有很多方法可以做到，所以不必有壓力，以為世上只有一種最完美的方式可以界定你。你的做法清單會很長，這是好事。

你何時覺得最有活力？

哪些事物會讓你對自己很有信心又篤定？

哪些事情你可以輕輕鬆鬆做很久，又有樂在其中的感覺？

假如你可以找出幾個實踐做法，讓你更舒適自在，讓你記起自己是誰，並且讓你在真我的世界裡休息，那麼你得到的休息便能真正改變你的生活。

我個人有幾種做法可以讓我舒服做自己，譬如烘焙、聽音樂、在大自然裡散步或跑步、跟朋友相處、大笑、煮東西給別人吃，以及觀察周遭的人事物。

哪些事無助於我做自己呢？園藝、做手工、採買、打掃以及任何會動到我指甲的事情。

一旦你找出自己的做法，也弄清楚做哪些事可以讓你更自在、哪些事不行的時候，就會更容易抓到每一季、每一週、每一日的休息節奏，同時也能照顧到心靈層次的休養生息。

---

* 這本書是在二〇一九年寫的，所以各位看到此處時可以把露肩衫和原始人飲食法替換成當前流行的趨勢。

每一個人的生活都不一樣，休息的方式自然也應該不同。

接著就來深入探討這一點吧！

## 每一季的休息

如果馬上就從每週或每天的休息活動著手的話，可能太操之過急，不妨從每一季來安排休息。我很喜歡一年四季順其自然的節奏，而且四季也會教導我們很多關於生命循環與休養生息的道理。

因此，現在就拿出你的行事曆，先安排這一季的休息時間。如果你勇於挑戰的話，直接安排一年四季的休息時間也可以。

每三個月排一天休息時間，讓你展現真實的自我。記起你是誰，開開心心做自己想做的事，接受別人對你的愛。把這一天定下來，你就會重視它；別用懶惰的心態對它。

每一季排定休息的這一天，你可以隨心所欲，這就是做一個能自我療癒又懂得休息的懶惰天才有趣之處。

你可以用這一天來醒悟、跑步、閱讀或任何以「ㄨ」為韻腳的活動。（我的意思是，此時不押韻，更待何時？）

花點心思，做一些讓你舒適自在的事情吧！

懶惰天才從小處著手，創造一年休息四天的節奏絕對不是過分的要求。

**挪不出時間給自己**

假如一年當中你連專屬於自己的四天都挪不出來，那想必有更深層的東西在作祟。
你是不是覺得自己不值得擁有這些休息時間？
你是不是覺得有很多人依賴你？
你是不是重視別人的需求勝過於自己？
理智上你知道挪出四天時間並不是過分的要求，但是要你主動要求這四天你實在做不到？
你絕對可以這麼做；你有權利要求你專屬的休息時間，你有權利要求一年有四天的時間優先重視自己的身心靈健康。

## 每一週的休息

下一步就是安排每一週的休息時間。

一定要一個星期休一整天嗎？不需要。能休一整天當然最理想，但適合你的狀況才是最重要的。從可以讓你舒服做自己的做法當中，挑出一兩樣可以配合週休節奏的活動。

不妨先思考一下每週休息一次的節奏該怎麼安排最適合你，從這個方向著手的話會有幫助。選一週的某一天休息最理想？也許可以固定每週三休息或直接以公定的週日作為休息日。是活動本身的問題，跟哪一天休息沒關係？那麼也許你會喜歡一週跳一次有氧舞蹈Zumba這個點子，或者也可以選其他課程，就看你的行程安排。把你的考量點明確指出來有助於你做出最恰當的安排。

我個人每週的休息時間考慮的主要是從事何種活動，安排哪一天休息倒是沒那麼重要。我每週會散步或跑步三次，當作抒解壓力的活動，但這三次未必會安排在特定的某幾天，有時候甚至間隔很長。就拿上週來說吧，我分別在星期四到星期六連續三天跑步，中間沒有間隔，實在沒什麼邏輯可言，但沒關係，這樣也算數，我仍然得到了休息。只要我的壓力有地方發洩，我就會覺得比較自在，而且能在樹林裡跑步也是一種福氣。

每週的休息時間可以做很簡單的活動，比方說每週六早上在附近咖啡館買咖啡，然後到農夫市集邊喝邊逛。又或者可以趁孩子去上幼兒園時，挑一個早上來一趟長途散步，或一週挑一兩天晚餐過後的時間去拔拔草。

小處著手很重要，而且把這些小活動融入到週間生活也很容易。從一個活動開始做起就好，然後每週都做。

## 每天的休息時間

烘焙是我在這個世界上最愛做的事情之一。給我一個下午的時間盡情做麵包或派來餵飽家人的胃？當然好啊，麻煩你了！烘焙讓我的身體放鬆，讓我的心靈平靜，這是很多事情比不上的。

可是，我可以每天都做麵包嗎？當然不行。烘焙需要時間，雖然我的確可以為重要的事情挪出時間，但從務實的角度來看，我沒辦法每天花時間做烘焙。

我想我們每天找不到機會休息大概就是這個原因。你天天都做的事未必是你最喜歡的活動，如果一心只想用投你所好的方式來休息的話——尤其是每天都很難找到時間這麼做的情況下——你注定要失望，而且也會覺得一天當中要找到機會休息，根本是遙不可及的夢。

**但你一定得找機會休息。**

請從小處著手。

雖然不能天天烤派，但也許我可以翻翻烘焙食譜，先想像一下我下次要做什麼點心。假設喜歡在沙灘上跑步，但你住的地方離海邊有好幾個小時的車程，那麼說不定一邊聽海濤聲的情境音樂一邊跑步，也是不賴的選擇（先別批判，試過再說）。

每天從小處著手，用心找機會休息，這比可以丟包小孩、無責任感束縛的夢幻週末來得更有影響力，因為你正在學習**如**

> 你天天都做的事未必是你最喜歡的活動。

**何**休息。

從小地方著手，用簡單的方式投入能夠讓你舒服自在的活動，即便那不是你心目中最理想的活動也沒關係。總有某種你可以天天去做的活動，安排一下，盡量試試看！

## 每日從睡眠得到休息

我並不是要各位早點上床，或要你把手機拿去別的房間充電。倘若這些方法適合你的話，自然是好事，不過這並非我要表達的重點。

我們就運用懶惰天才的另一個守則，以正確的順序來處理。務必先從真正重要的事情著手，這表示你也許需要重新思考睡眠最重要的地方是什麼。不妨將睡眠視為一種充電的方式，別覺得它就是不得不做或很花時間的事。

既然你這個人很重要，自然你的睡眠也很重要。

可以有點取捨嗎？當然可以。

我是個超級運動迷，有些我最喜歡看的美國職籃對戰組合要到晚上十點半才會公布。呃，十點半真的**太晚了**，值得我犧牲自己的休息時間去等嗎？有時候是值得的，但通常我覺得沒必要。

我把真正重要的地方是什麼找出來之後（休息勝過籃球）就能做出最適合我的選擇。

## 一定會有一對腳印

我個人汲汲營營於追求掌控事情的能力，這種習性其實跟我對耶穌基督的信仰息息相關，說不定各位也跟我一樣，所以我很想分享我對〈沙灘上的足印〉（Footprints in the Sand）這首詩的感覺。你一定知道我說的是哪一首，對吧？我想這首詩大概是在一九九五年的時候大量出現在書籤上。

這首詩的作者描述她做了一個夢，在夢裡的人生當中，她和上帝一起走在沙灘上。她過得既快樂又平靜時，沙灘上有兩雙相伴的足印，然而人生最辛苦、最悲傷的時刻，沙灘上卻只有一對足印。她問上帝為何在她最難熬的時候放她一人獨行，上帝回答說祂從未離開，那對足印就是祂背著她行走所留下的痕跡。那是上帝留下的腳印。

最後一句令人震盪，彷彿擅長營造大逆轉氣氛的導演奈特・沙馬蘭（M. Night Shyamalan）為耶穌基督所鋪陳的情節。

當時我只是一個年紀還小、靈性淺薄的十幾歲小女生，我承認這首詩觸動了我的心。上帝在我最苦的時候背著我？我服侍的上帝如此親切又慈祥！

可是，如果沙灘上的足跡一直都是兩對的話，不是更棒嗎？這樣想才對不是嗎？假如我沒那麼依賴上帝的話，祂一定會比較喜歡我。

所以我的大半人生就是以此為目標：只有在碰到真的非常艱辛的事情才能依賴上帝，否則的話我要盡我所能做好每一件事，全部靠自己。結果我在這方面表現得非常出色，真是令人吃驚。*不過話說回來，我也很想念主日學的教誨：努力並不會讓我變得更虔誠，不會讓耶穌更驕傲，也不會把我變成更好的基督徒。反而只會讓我疲憊不堪而已。

你凡事靠自己，直到你再也承受不了，然後向耶穌求救，或者來一趟沙灘之旅。身心靈的倦怠感一旦追上你，你就慘了。

事實上，我們對上帝的需求不會有走到盡頭的一天，祂也絕對不會對我們的需求感到厭煩。一定會有一對腳印。

不過要切記的是，今天做的選擇未必適用於明日。

另外一種看待睡眠的視角也很有效果：我會用睡眠為今日劃下句點，這讓我有意識地將明天視為全新的一天，我可以在明天做我想做的事。

這種思維聽起來或許過於單純，卻有它的影響力。當我這樣想的時候，就比較不會有壓力，能夠稍微讓一切順其自然，因為明天就要來了。畢竟睡眠終究是一件無法抵擋的事情，因為身體會告訴我：**康卓拉，做你該做的事，把眼睛閉上吧！**這個過程步調緩慢，帶有目的性，而且當我自行啟動這個睡眠開關時，它其實會給我更多回報。

今天到此為止，明天正在來的路上，現在是該上床睡覺的時候了。

## 讓心靈休息

艾蜜莉．弗利曼把心靈休息稱為「安坐於內心」。【6】這種說法真是深得我心，因為我很清楚內在世界一直撐著、奔波著或隱藏在角落裡是什麼樣的感覺。

你的內在世界與生理健康息息相關，也因此你的心靈若是沒有機會休養生息，身體一定會有強烈的感受。你必須把自己從未想背負的重擔卸下來才行，因為內心若是被壓垮了，身體就不可能得到充分的休息。

以我本身為例，當我認同真實的自己，我的心靈便得以休息。換言之，當我相信天生我才必有用，相信自己的個性是上天的恩典，相信我之所以是個好人是因為我本身，而不是因為自己的所作所為時，我便能盡情安坐於內心。我可以尋覓連結，不需要求得保護。

我可以做自己，放開那些不重要的事，這樣一來我就不必一直努力靠自己做好每一件事。當

＊我被學長姊票選為「最獨立的人」。**最獨立的人**……這真是我得過最完美卻又最沒有魅力的稱號了。

我試圖掌控一切的時候，就無法接受別人的幫忙，也沒辦法讓別人走進我的生活。我也不會有足夠的覺察能力，去關注季節要教給我的道理。我會忘記從小處著手，用完全錯誤的順序做事，一心一意只掛念著自己的工作效率。

讓心靈休息並學習安坐於內心，就是所謂的「放手」。你不必把所有事都攬起來做，你可以依賴別人，可以仰仗比你更巨大的力量。

如果你因為一些不重要的事而忽略了自身需要休息，現在正是該放手的時候了。

除了不可殺人或背著妻子偷吃之外，上帝給子民的另一個旨意就是「記住安息日，守為聖日。」

休息就是人類的一部分。

把休息變成一個特殊的日子。

好好做安排。

向休息致敬。

別扛著重擔，硬拖著你的腳步努力向前走，否則時間久了一定會讓你情緒倦怠。每一天、每一週、每一季都要找機會休息，放鬆你的心靈，去體驗更完整的自己。

▼本章重點

- 自我療癒著重的是讓你更自在，而不是縱容自己。
- 休息時間不會自己出現，必須靠你的安排。
- 找出哪些事情可以讓你覺得圓滿自在，想辦法每季、每週、每日都能體驗到這些事情。
- 卸下那些你從未想背負的東西，安坐於內心。

**——跨出一小步——**

在接下來的三個月內為自己安排一天的休息時間，只要一天就好。

你不必什麼都得做，不過你大概還是會試試看，而你失敗的機率應該會很高，就跟我一樣。如果你總是告誡自己過去做錯了什麼事，而不是讚許自己做了什麼善待自己的事，那麼這最後一個守則對你來說會是個完美的句點。

— 懶惰天才守則十三 —

# 善待自己

有一天晚上，我來到某種「狀態」：我的情緒在撒野，我的內分泌進入戲劇性的混亂，我那任性的三歲女兒像馬戲團團長一樣，操縱著我的自虐。經過整整一個小時的「人質談判」，也就是對著孩子大吼大叫到令我悔恨的程度之後（其實為的就是把孩子弄上床），我跌坐在那張塗了麥克筆又黏了布丁的IKEA椅子上，淚眼婆娑地對丈夫說：「我覺得我真是個差勁的媽媽。」

結果他一句話也不回答我。

會不會是他沒聽到我說話？（我繼續發出吸鼻涕的聲音）

該死的。

我火山爆發了。既然他看穿了我的情緒勒索，怎麼還不講我想聽的話？怎麼能讓我那句脆弱的話懸在半空中，不趕緊過來安撫我？我非常火大地把這些感覺告訴他。

過了幾分鐘，等我終於停止大吼，也總算想起來自己是個會道歉也會好好說話的成人之後，我問他為什麼不回答我。

「因為我知道我要是說你是好媽媽，你一定又會再把球丟回來給我。」

喔，酷！

他說得對極了。

如果卡茲對我說：「親愛的，你已經是很棒的媽媽。」我大概會翻翻白眼或擺擺手之類的，對這種我明明很想聽到但又不知道該如何收下的回應裝得不屑一顧。

我把自己做媽媽的標準設得很高，所以也間接把丈夫的讀心術能力也設成高標準，然後又把我自己定位在不能接受任何的善意。

為什麼呢？因為在那個當下，我覺得自己真的是個很糟糕的媽媽，對我來說那就是不爭的事實。

那麼我是不是希望卡茲幫我改變這個事實？我當然想，但是他說的沒錯，那已經不是那麼重要了，因為我還沒準備好相信別人對我的肯定，所以一定會馬上否定那些話。

> 我們對自己若是沒有愛，對內在沒有一絲溫柔，對自己沒有一點仁慈，就注定會疲憊不堪。

我們對自己若是沒有愛，對內在沒有一絲溫柔，對自己沒有一點仁慈，就注定會疲憊不堪。我們會一直背負著我們從不想背負的重擔，一直挖著沒辦法通往任何地方的洞。我們把精力全都用來設法追上那不斷移動的終點，以致於我們沒有空間對此時此刻的自己感到知足，也沒辦法接納這樣的自己。

再補上一個重點：我們若是不愛自己，也會很難接受別人的愛。

## 懶惰天才的黃金規則

若是在家事和行程安排方面，要你找出你覺得應該要把握的重點和應該拋開的瑣事是什麼，想必會比找出你認為「你自己」很重要的地方在哪裡還來得簡單許多。金科玉律告訴我們，你想要別人怎麼對待你，就要這樣對待別人；但我想你絕對不會對自己好到哪裡去。這不是一條容易遵守的規則，因為它有一半未必正確。

我們來談談你如何對待自己。你會怎麼形容你跟自己的關係？你和自己互相敵對嗎？還是競爭對手？你就像健身教練吉莉安・麥可斯（Jillian Michaels）一樣督促著你自己嗎？

我猜你對自己訂下的標準非常高，你一直在尋找最完美、最理想的自己。只要你出現「不」理想的樣子，你就會試圖要在經營未來版自己時當個天才，推進、追蹤和設定你無法達成的目標，再不然就是懶惰以對，認定成長都只是浪費時間，最後乾脆全都放棄。

別忘了，我們往往會以為解決問題的方法就只有非常努力或乾脆放棄這兩種。

換種方法試試看吧！

你大概聽過一些女性談話類的podcast節目，她們說你應該用對待朋友的方式來對待自己，不過這種講法並不完整。懶惰天才黃金守則是這樣說的：**你就是你自己的朋友。**

你不是什麼企畫案。

你不是某種需要每天修正、雕琢和評估的事物。

你是一個做**現在**的自己就很有價值的人，是一個值得被你善待的人，因為這個自我就是你的朋友。

## 冷靜看待潛力

你會從潛力這個視角——她可以成為什麼樣的人——去看你親愛的朋友，並用她所沒有的能力去評斷她嗎？想必你不會，因為這樣做很傷人。

可是你會這樣對待自己。你時不時就會從潛力的視角審視自己，評估自己可以或應該做到什麼，而不是用善意和愛來看待自己。

請各位聽我一言，潛力這種東西會把你痛擊在地。

你一直把未來那個理想型的自我當作目標，導致你對現在的自己感到不滿。你覺得自己樣子不對、動作不對、穿著不對，就連料理的食物都不對。你沒有做好父母親、沒有好好約會、聖經讀得不好，也不知道該怎麼從頭到尾做出一個完美的杯子蛋糕。於是你不斷努力要成為那個遙不可及的人，也就是那個知道如何做對每一件的人，在這種情況下，你除了會暗地責怪現在的自己之外，也會怪自己為什麼不能快點變成那個人。

這就是習慣和目標有時候感覺特別沉重的原因：因為日常的習慣通常就是用來幫助人提升現在的自己，或得到某種自己所渴求的潛力。請聽我說，我並不是指你不該努力成長，我想表達的是，如果你為了追尋那個獨斷的理想自我而未能善待現在的自己——現在的自己已經夠好了，她不是你想成為的理想形象的影子——那麼理想中的你就會變成一個偶像，她會讓你一直對自己失望透頂。

我打從心底相信只要把握懶惰天才的守則，即便是其中最務實的幾個原則也一樣，不管你是在休息、反省，抑或正在深入認識自己真實的本性和你重視的事情，這些守則都能鍛鍊你用更慈悲的眼光看待自己。

大家先在這裡稍做停留，學習重視現在的自己，思考我們要成為什麼樣的人，並且在過程中為自己慶祝。請參考以下做法。

## 第一步：重視現在的你

有一個小方法可以幫助你重視現在的自己，那就是每天做一個善待自己的舉動，也就是說，做一件事情當作禮物送給「今天」的自己。

別誤解這個概念，而以為用天才的態度來處理就對了。善待自己的舉動並不是天天都做你未曾重視過的伏地挺身；不是天天都寫從未讓你獲得成就感的日記；也不是天天都打掃家裡，因為你覺得自己在這方面應該要表現得更厲害才對。我說的不是這種鞭策自己成長的日常習慣。

我指的是每天做一件對自己慈悲的行動。

不妨想想看，你通常會為你在乎的朋友做什麼事，譬如你一想到對方就會帶杯咖啡去找她，或者傳個簡訊給她說你愛她。你會提議去辦事時順便帶上她的孩子，讓她可以放風一小時。你做這些舉動都不是為了要讓朋友變成一個更好的人，或激勵她發揮潛力，純粹只是想對她好，因為你很愛她的關係。

反過來說，你也可以這樣愛自己，大方地對自己好。

我知道這做起來有點彆扭。我不是要你站在鏡子前面對著自己說「我愛你」，不過這樣做總比對著鏡中的自己說「打起精神來」要好吧，這種事我真的做過。

每天對自己做一件好事不是為了吹捧自己，而是要幫助你記起自己的本性以及上帝就在你身邊，記起祂喜愛的就是你原本的自己。

就像你對朋友那樣善待你自己，每天用慈悲和雀躍的心情對今天的自己說話。靜靜坐下來；呼吸早晨的新鮮空氣；好好讀本小說，不需要為了任何理由；睡個午覺；答應朋友的提議，讓她幫你帶晚餐來。當你照著鏡子時，對著你看到的人笑一個；是對**這個人**展現善意，而不是對這個人的**樣貌**。你不是一張等著被落實的藍圖；你是宇宙之神所創造的神聖靈魂。

鍾愛現在的你，因為你值得。

## 第二步：思考你要成為什麼樣的人

作家詹姆斯．克利爾（James Clear）說：「假如你想改善成果，別再設定目標了，專心找出你的機制吧！」【7】

這真是一個鏗鏘有力的洞見。別再設定目標？沒錯，就是這個！

各位猜怎麼著？現在你手上拿的這本書就是在教你**如何建立機制**，如何針對重要的事情創造架構和節奏。假如你從這個角度著手，而不是以「改造後」的照片作為出發點，你就一定能踏上這條探索自我本性之路。你會仁慈地愛著現在的你，而不是為了成長為更好的人搞得自己渾身不自在。

當你建立機制來投入重要的事情時，別將心思都放在結局上，應該多多思考如何才能更怡然自在地展現本性，並以自信和沉著的態度示人。

接受改變吧，因為一個人到了四十歲就不可能再當二十歲的自己。舉個例子來說，我不能老想著要比以前瘦，尤其是不可能比自己十九歲還瘦，當時我飲食失序，整整一年每天只吃八百卡路里。現在我偶爾還是會懊惱自己怎麼不能像當年那麼瘦，想想真是荒謬。

那明明都是二十年前我還沒生三個孩子之前的事情了。

我這種狀況就是在回憶過去的「理想模樣」，而不是大方向前看，思考自己想成為什麼樣的人。

審視一下你走過的歷程，先看看一年前的你，再看看今天的你，別帶著想集點拿獎勵或追求空洞的認證那種心情來做比較。

以我個人為例，我現在已經可以跟我家老么一起慶祝了，因為我雖然還是很累，依然有點討厭尿布和睡不飽的情況，但對於做媽媽這個自我，我算是能安然處之了。這個自我也許和我期待的模樣天差地遠，特別是到了可以穿泳裝下水的季節，不過誰在乎呢？

當然，我十分尊重母親的身體，還有母親這個角色的成就能實質上幫助一個人成長，但這不是重點。我認為我們應該把心思擺在自己的感覺上，別再去管自己看起來是什麼模樣。聽了我這種說法，你也許會想把這本書砸在我頭上，但我以前是那麼的執迷不悟，花那麼多時間批判自己就是因為完全沒有做混合式健身訓練（CrossFit），所以才沒能練出做了這種運動之後該有的體態，一想到這些，我就覺得有必要再次練習好好善待自己。

我有很多奇怪的預設想法，會讓我忍不住拿自己跟別人比較。我為自己設了難以企及的高標準，然後又因為沒辦法達到而生自己的氣。我為了自己沒做好該做的事而痛斥自己，然後焦慮地寫日記並且補上瘋狂的運動計畫，將這些時刻銘記在心。

然而諷刺的是，我很少花心思記錄別種時刻，比方說我個人的成長，我找到新方法可以冷靜地跟孩子說話，我的烘焙技巧變強，還有我在發表想法時比十年前更有自信等等。

只要能慈悲地省思自己想成為什麼樣的人，這就是一種善待自己的舉動，而我也還在學習實踐這種行為。

把成長的點點滴滴銘記在心吧，這些片刻都是好事。

我們會善待朋友，為他們喝采，也支持他們的夢想。他們走入困境時，我們會陪在身邊，不會七嘴八舌提供可以幫他們改善人生的方法。我們會給他們擁抱，帶杯咖啡安慰他們，看著他們的眼睛說「我愛你」。我敢下重本打賭，你一定不會在言語或行動上如此善待自己，而且你對於自己的某些片刻，也一定不會像對別人那樣特別銘記在心。

不管是用言語，還是你在追求自己想要成為的那個人的過程中，或是你以優雅的姿態放慢腳步的時候，都請你一定要善待自己。

## 用簡單的做法善待自己

- 寫日記，把你的狀況寫下來，用每一季休息的日子來寫也可以。
- 散散步，並且對現在的你輕輕訴說感謝的話語。
- 看著鏡子裡的自己笑一個，不必為了任何理由。
- 讓自己有機會好好地坐下來，不用為此特別努力去表現什麼。
- 別再穿那些不適合你或讓你渾身不自在的衣服。
- 別再批評你做的每一個選擇，別再責怪這些選擇害你無法實現未來那個理想的自己。

## 第三步：慶祝

我朋友法蘭絲，這位人妻的兩個女兒都念小學了，這種時候她才決定要去念護理學校，真是辛苦。我自己不曾熬夜做功課，也沒煩惱過哪幾日要跟另一半換手接送小孩，也沒碰過夫妻都不能準時回家，只好臨時找保母顧小孩的狀況，然後也不曾經歷走上正確道路時必然會碰到的掙扎過程，所以我偶爾會從自己的立場來看待法蘭絲的辛苦。

法蘭絲從護理學校畢業的時候，她邀請了四十位左右的朋友，一起在當地公園的大野餐亭慶祝一番，我們享用了烤肉和蛋糕，為我們共同的朋友歡呼喝采。想到那一天神聖的氣氛，不禁讓我感動地熱淚盈眶。

一起慶祝朋友達成的巨大成就是什麼感覺？這是個恩典！

其實法蘭絲和家人也可以輕易地就這樣讓畢業這件大事過去，頂多一家人坐在餐桌上舉杯慶祝，或者這次別找有提供優惠券的餐廳，而是跟高檔店家點披薩來吃。可是他們知道這條路走得艱辛，所以如果可以**和愛他們的人一起慶祝**的話，不但會特別甜美，也絕對值得。這種心情既單純又深刻。

讓別人走進來，跟他們一起慶祝，不管是慶祝他們的勝利還是你的成就，這種善待自己的方式既有趣又格外特別。你不必假裝外向才能做到，無論是大事、小事、看起來沒意義的事，全部都可以慶祝；慶祝的規模和主題不是真正重要的地方。

只管慶祝就對了！

## 今天就來慶祝一番

我喜歡辦派對，真的非常喜歡。

我曾經辦過《飢餓遊戲》（*Hunger Games*）冷知識派對、《綠野仙蹤》（*Wizard of Oz*）裝扮派對，還有胡蘿蔔蛋糕品嚐派對。目前我正在籌備桌遊奧運派對。

我每次辦派對純粹都是為了想慶祝**生活**，不過沒有人知道我的心思。這是我個人的慶祝方式，是我用來善待自己的方式，也是我讓別人走進我生活、用蛋糕餵飽他們直到打嗝為止的方式。

也許你覺得對懶惰天才來講，慶祝好像是芝麻綠豆的小事，不過親愛的朋友們，這你就錯了。我們的原則是把握要緊的事，而聚會、笑聲和成長這些全部都是很要緊的事。

當你跟自己和別人一起慶祝生活的點點滴滴時，你會去特別留意重要的事情。你用慶祝的方式為自己插上旗幟；你製造回憶，以此激勵自己度過難關，讓你日後有機會笑著回憶往事。

你必須昭告天下，你所重視的事情真的既重要又寶貴，值得慶祝一番。這就是善待自己的強力作為。

因此，就是現在，希望各位可以慶祝一番。

比方說，就慶祝今天吧！

我並不是要各位馬上準備在三小時內辦一個盛大的派對，而是想告訴你，只要用心慶祝某一件事，你現在就能好好善待自己。

只要決定以下三件事，就能搞定慶祝這件事：慶祝什麼、如何慶祝，以及和誰一起慶祝。

## ▼慶祝什麼

你已經為某件事努力奮鬥了好幾個星期，雖然目前還沒辦法展現任何成果，但值得慶祝。或者身為全職媽媽的你，覺得自己目前的表現比前幾個月更棒，這也值得慶祝。又假設某個網站採納了你的投稿，不過你覺得這件事微小到根本不想講，但依然值得慶祝。

任何你覺得很重要的事情都可以拿來慶祝，無論是具體的事實或精神層次的東西，也無論你處在人生的哪個時機點。就挑一件重要的事情來慶祝吧！

## 挑一樣贈品給自己

倘若你是在有經濟壓力的家庭中長大成人，或者你的父母生性節儉，那麼買東西送給自己這樣的概念或許會讓你覺得很荒謬。其實我腦袋裡偶爾也會出現這種聲音：不會吧？只要我不對孩子大吼大叫就買東西送自己？你要我欠卡債來慶祝這種蠢事？

康卓拉，不是啦，當然不是這個意思，很抱歉我害你這麼生氣。

所謂送禮物給自己其實指的是對自己表現善意。

一個禮物就像一個記號，提醒你已經擁有「善待自己」這個你原以為永遠都不會去學的技巧。當你把送給自己的鞋子或耳環穿戴在身上，或者為自己敷上高檔面膜時，你會記起達成業績目標、完成出書提案、辦妥教堂盛大的舊衣回收活動的感覺有多麼棒。

送禮物給自己是一件好事，尤其這個禮物可以幫助你記起自己是誰、哪些事能夠讓你充滿活力的時候。你是一個成人，有能力決定哪些事有益身心、哪些事太過頭，不過講到給自己贈品這件事*，你大概會對自己有點小氣。偶爾給自己一個贈品吧，這是善待自己的方式。

## ▼如何慶祝

你或許只會在腦海裡為自己喝采，以此交差了事，這種情況尤其常見於從來沒為自己慶祝過的新手。雖然精神上的慶祝也是有它的用處，不過就在今天，請你從腦海裡跳脫出來，在現實世界中真正慶祝一番吧！

臨時跟朋友們相約吃頓晚餐，或打個電話聊聊天，又或者買個你已經觀望很久、但從沒想過應該買給自己的廚房用具，這些都是很棒的慶祝方法。你也可以邀請朋友過來，一邊享用美味的冰淇淋，一邊看個幾集的英國影集《波達克》(*Poldark*)。

大方告訴別人你為自己所做的某件事自豪，當作一種慶祝。你有權利在乎重要的事情，所以好好地肯定這些時刻及其可貴之處，以此對自己表現善意吧！

* 《和納克斯與傑米一起「播」客》(*The Popcast with Knox & Jamie*) 節目的共同主持人傑米・高登 (Jamie Golden) 把禮物稱為贈品，我現在也忍不住用這種說法。

### ▼和誰一起慶祝

跟何許人一起慶祝，這是慶祝的最後一個要素。**不是英國搖滾樂團「何許人」（The Who）喔，請容我自動校正**（雖然如果能邀請到何許人樂團共襄盛舉的話，也是一種很特別的慶祝方式）。

除非你是離群索居的隱士，不然找別人共襄盛舉可說是慶祝這件事最棒的地方。只要能挺過敞開心胸那種難為情的感受，然後邀請好友一起慶祝你想慶祝的事情，絕對值得！

和別人一起慶祝最美妙之處就在於你不能躲起來；換言之，你**必須**現身慶祝，真正去體驗慶祝的樂趣。

我唯一的建議就是最好和「安全」的人一起慶祝。如果你擔心某人私底下會不會因為你用生日以外的理由來慶祝而質疑你，那麼也許這個人就不是你該邀請的對象。光是說到要慶祝一番，你這個新手就已經有點怯生生了，所以請盡量邀請因為真心愛你，所以願意與你同樂的人最安全。

## 慶祝不是負擔

我是在準備交出這本書的最後書稿那一天寫這一段的，所以對我來說具有特別的意義。寫書的過程大抵來講很煎熬，我為此所付出的努力絕對不是其他事情可比擬的。

這一路走來，多虧了我有許多很棒的朋友，他們用ＧＩＦ動畫、簡訊、花朵、咖啡給我慰藉，甚至直接來看我，讓我十分振奮。就拿麥可（Michael）和漢娜來說吧，他們會要求跟我和家人一起慶祝這本書的每一個進度，就算是我想都沒有多想的進展也不放過。我們一起享用美食和蛋糕，互相擊掌。有他們的陪伴，我才學到用慶祝的方式來紀念這些時光有多麼美好。

所以今天晚上我們打算出門去吃希臘菜，也許吃完後再來點冰淇淋，慶祝我做到了這件事，慶祝我跨過了終點線；雖然只是小小的慶祝，但威力強大。

若要我誠實以告，我常常覺得這對他們來說是個負擔。他們真的想為那些我自己做過就忘了的事情慶祝嗎？顯然他們真的很在乎，而這一點也改變了我。

昨天漢娜對我說：「我們絕對不會厭倦幫你慶祝。」

我就是想當像他們這樣的朋友，也想這樣幫別人慶祝。

當然，直接在心裡為自己喝采三秒鐘既簡單又快速，但你說不定會像我一樣，從其他慶祝做法得到好處，因為如此一來你就會發現自己有多愛慶祝，還有你的人生有多麼需要慶祝。

紀念深具意義的片刻對我的心靈大有益處。慶祝我的工作和我重視的事情，是我可以善待自己的一種方式，也是我還在學習的一種實踐做法。除此之外，慶祝也是很**有趣**的事情。我的意思是說，我還是會努力做心理諮商直到天荒地老，不過心理諮商雖然有改變生活的特色，卻絕對沒有派對那麼好玩。

這種善待自己的方法既好玩又簡單，千萬別錯過，當然也別忘了替你的親朋好友好好慶祝，讓他們也能體驗到這番樂趣。

慶祝絕對不是負擔，因為**你不是負擔**。

記得善待自己、善待自己、善待自己。

▼本章重點

- 你是自己的好朋友；你值得被善待，尤其是你最應該善待自己。
- 重視現在的你，衷心接納自己，別拿自己跟過去或未來做比較。
- 思考如何才能變成更完整的自己。
- 今天就為重要的成就慶祝一番吧！

**——跨出一小步——**

傳簡訊給朋友，跟她分享你小小的成就。比方說，你可以告訴她：「好啦，我知道講這個有點怪，不過我帶三個孩子去目標百貨，結果我完全沒有吼孩子，而且也沒有衝動亂買。我實在太得意了，就想跟你分享這件事。謝謝你跟我一起慶祝這件小事，有你這個朋友真好！」

現在，我們已經談完了十三個守則，接下來要做的就是搭配運用這些守則，開始像懶惰天才一樣生活吧！

# 如何像懶惰天才一樣生活

先前我曾說過，你不必再羅列新的待辦事項，你需要的是**新視角**。現在你的虛擬瑞士刀裡面有十三項守則，只要從把握重點、拋開瑣事的視角來分析，你就能看清楚眼前的每一個狀況。我們來看看到底該怎麼做吧！

## 一律從重要的事情著手

除非你知道自己重視什麼事情，否則做不了任何事，但如何才能知道哪些事很重要？你可以用「綜合分析」和「覺察」這兩種做法。

### ▼綜合分析

請找本筆記本坐下來，然後在筆記本上面畫兩欄格子，分別寫上「懶惰」和「天才」兩個標題，接著在標題之下把生活的面向寫下來。

「天才」那一欄專寫會讓你開心的事、你想多花一點時間耕耘的事情、你覺得做起來很自在的事情，或者對你的家庭來說具有重大意義的事情。

「懶惰」這一欄則列出會消耗你元氣、你一再拖延，或者是你想逃離的事情。哪些事情會讓你容光煥發，哪些事情壓得你喘不過氣來？

把這些事情都寫下來，具體指出來。

天才這一欄所列的就是重要的事情，這些都是你可以開闢空間好好耕耘的領域。

除了「綜合分析」之外，還可以用另外一種做法。

### ▼覺察

如果你覺得把自己的心靈、行事曆和家庭的每一件大小事情都抓出來非常累人，不妨小處著手，從覺察當下做起。

仔細留意有哪個時段、哪個任務，或接下來哪個計畫案你想用懶惰天才法去處理。你只要具體指出是**哪一件事情**就好，不一定要分析它重要的地方在哪裡。

另外，你也可以特別去覺察自己覺得挫敗、退卻或憤怒的情況；是不是有什麼事情觸發你的負面反應？出現這些情緒之前你能否用懶惰天才守則來對付某件事？

一次一個情況，試著抓出這個情況的重點是什麼。

## 重要的事情相互呼應

我個人列出的天才事項有整潔的空間、餵飽家人朋友的胃、跟家人朋友連結、我的家讓人感到賓至如歸、音樂、笑聲、控制自己的壓力、替朋友慶祝並為他們應援、植物在我的照顧之下好好成長，還有詹姆斯・麥艾維（就最後這項來講，喜歡他就是我能做的最大極限了）。

我是可以在處理清單上的每一件事情時當個天才，個別找出對應做法，不過也可以去觀察這其中有哪些事情已經彼此呼應。

我列出的重點清單上有許多項目和我的家以及家裡的氣氛有關，比方說音樂、食物、舒適、連結……顯然我非常在意氣氛，但並不是為了氣氛而營造氣氛。對我而言，一切都會歸結到「人」身上。

當我發現原來從清單裡可以看到一個範圍更廣的對話，那麼我對我家的種種重視其實可以濃縮成一個單一價值觀：我希望我的家能讓每個走進來的人都感到賓至如歸。

我花了很多心力實現這個價值觀，對於那些不重要的瑣事我就快速帶過。以下提供幾個我應對要緊事時當個天才的方式：

- 我下了一番功夫去尋覓可以療癒身心靈的食譜，學著把菜餚煮得色香味俱全。
- 我用心維持家裡空間的整潔。
- 我砸重金添置了一套優質的音響，只要按一下就能讓整個家沐浴在情境音樂之中。
- 我對於要買回家的東西會考慮再三，這樣我才能專心營造愜意舒適的居家環境，不必傷腦筋該如何把更多東西塞進籃子和收納箱裡。
- 我會花錢買植物和蠟燭，因為這些東西可以讓空間變得更討喜。
- 我盡可能多多邀請朋友來家裡，不管我們家有沒有整理好，我都會敞開家門歡迎他們，絕不為家裡的狀態道歉。

我的重點清單上還有其他事項，譬如笑聲以及跟家人朋友深入連結，也因此我注意到另一種搭配：我希望朋友不只來**我家**有賓至如歸的感覺，也希望他們可以做自己，在我們彼此的關係之中如魚得水，也能安心地跟我分享他們的生活。我和信任的朋友聊天時、用Instagram訊息與陌生人交流時，抑或現在透過這本書的字字句句，都可以實現這種願望。

我深入體察自己重視哪些事情，以及這些重點價值觀如何彼此呼應，進而得以找出一個能影響我做任何決定的生活哲學：**我希望朋友安心、沒有拘束地與我相處。**

顯而易見的是，別人也有這種渴望，不過這是我個人**最嚮往**的地方。

現在我有懶惰天才法這個篩選機制可以幫助我把握重點、拋開瑣事，並且能更有效率地把事情做好。

換言之，我應對最重要的事情時當個天才，有餘力才去做其他事情，而不是試圖用一些小技巧讓自己想辦法做一個凡事能面面俱到的人。

只要能找出你重視什麼事情並好好把握這些重點，就能帶來天翻地覆的改變。

## 懶惰天才案例分析：搬家

我朋友布莉是軍人之妻，她的丈夫傑瑞米（Jeremy）每隔三年就要調動一次，所以她得帶著家裡的狗狗跟著搬家。搬家的頻率很高，再加上搬家對多數人來講也是很煩心的事，那麼布莉是怎麼用懶惰天才法來處理遷居這件事的呢？接著就用懶惰天才的十三項守則來抽絲剝繭吧。

### ▼一次決定好

布莉可以一次決定好什麼呢？她可以用同樣的模式來處理每一次搬家任務：第一週執行最辛苦的拆箱任務，第二週入住，第三週則進入探險行程。無論搬去哪個城市，她都按照這個程序把搬家的事情處理完畢。這種方式使她得以將心思都放在此時此刻最重要的事情上（安頓下來），然後又留了一些空間給後來要重視的事情（融入新環境）。

### ▼從小處著手

遷居到別的城市是龐大的工程，很容易深陷在繁雜的過程裡不知所措。布莉和丈夫會先拆一個箱子，由此做起，然後慢慢進行到整理一個房間，以一次一小時為單位，而不是看著堆積如山的箱子，被來勢洶洶的拆箱作業嚇呆了。

### ▼問神奇的問題

布莉在搬家之前會做什麼讓之後的狀況輕鬆一點呢？她採取以下行動：

- 把每一個打包好的箱子標示清楚，拆箱時就能輕鬆一點。
- 先想好哪些菜色最能撫慰夫妻倆的心，然後把需要馬上用到的廚房用品單獨打包。
- 先打聽好離新家最近的雜貨店、咖啡店和貝果店在哪裡，否則等到拆箱作業如火如荼進行的時候，就不會有人有心思想這些事情。

### ▼順著季節生活

若說誰最懂得順著季節生活的寶貴，那絕對是軍隊裡的阿兵哥們。

布莉有權利因為數十年來無法在固定地方生活而感傷，不過她也可以在這種人生季節中用特別的方式來落地生根。丈夫從事的是他熱愛的志業，而她則是個人生玩家，什麼都願意嘗試看看，所以這種經常搬家的人生季節，對她來說充滿了冒險與連結。

布莉選擇順著季節生活，不捨命追求她沒有的東西，她覺得自己所擁有的一切都很特別，也對此抱著感恩的心情。

## ▼訂立適當的常規

初來乍到的生活並不容易，只要心情沮喪就想宅在家不出門，忘記外面有一個新環境等著你去探索。

儘管如此，布莉很清楚自己必須好好認識這個新地方，把它當作自己的家，所以她會訂出一套常規，讓她能夠進入探索與敞開心胸的模式，別讓自己耍孤僻。

比方說，她早上不會在家裡煮咖啡，而是走路到街上的咖啡店，以此作為晨間常規。這個簡單的行動促使她走出家門，去認識這個新城市，也幫助她記起探索周遭環境的樂趣。

又或者家裡還有幾個箱子還沒拆開，讓她覺得很心煩，所以她訂出一個小小的常規，那就是每次只要一進房間就收拾一樣東西。雖然這是一個小舉動，但很有效果，若是時間充足的話，就能順理成章接著整理下去。

## ▼建立家規

布莉發現，如果連續幾天只有傑瑞米跟她聊天，沒有其他說話對象的話，她就會很容易心情不好。她是一個需要跟別人互動的人，拜託了！然而在一個陌生的城市其實很難鼓起勇氣耕耘這方面的事情，尤其在還有這麼多事情要做的情況下。

新家規於焉而生：布莉最少隔一天一定要找機會（安全地）接觸陌生人，跟他們聊起自己剛搬到這個地方，希望他們可以推薦哪裡有不錯的咖啡或泰式料理。

陌生人基本上不太可能成為一輩子的朋友，但至少布莉有很大的機會可以跟別人交流，況且這種簡單的互動也能讓她的心情輕鬆起來，所以她才會立下這個至少隔一天一定要跟陌生人連結的家規。

### ▼物歸原位

遷居到新城市、搞定好新家的美妙之處，就在於你有機會重新開始，讓每一樣東西歸位。搬到新地方、入住新家會面臨東西還沒歸位的問題，你得替每一樣東西找到它們專屬的位置。不過，能刻意去做這件事其實是個恩典。

也許布莉會想把所有物品都塞進抽屜裡和儲藏室，以後再來慢慢整理，但到了那時候她一定馬上後悔。所以，布莉入住新家之後所運用的懶惰天才法，就是慢慢將所有東西歸位，雖然這樣做會比全部丟進儲藏室花更多時間，做起來也有點煩人，但得到的回報其實比想像中還快。

### ▼讓別人走進你的生活

這個守則就遷居新地方來講比較棘手，畢竟你不認識任何人，如何讓別人走進你的生活？

首先，布莉會向過去來往的朋友訴說她的孤單。她不必把這些掙扎悶在心裡，而是選擇跟別人分享她的心情。

第二，她會來個小小的冒險，先踏出一步，邀請剛認識的人來家裡吃晚餐，比方說鄰居、某個她在教堂或在CrossFit健身房認識的人，抑或是跟她一起排隊又剛好點同款咖啡的某位女士。

以遷居到新地方來說，讓別人走進你的生活之所以是最難執行的守則，就是因為它最為關鍵，畢竟你若希望融入某個地方，就必須讓別人走進來。

布莉從小處著手，自己先跨出一步。

## ▼集中處理

拆箱這個任務可以說是集中處理的極致展現。先把一個箱子拆開，將裡面的內容物集中處理，一次歸位完畢，千萬不要拿一件收一件，一直重複這個動作。

## ▼精準化

布莉在搬離舊家之前，應該就已經下了一番功夫去蕪存菁，只打包了真正重要的東西。搬家是一種絕妙的催化劑，讓你找出什麼東西很重要，然後只保留真正重要的東西。

## ▼以正確順序做事

別忘了，正確的順序一律從重要的事情開始著手，接著要做的就是平息怒氣，最後則是相信自己。

對布莉夫妻倆來說，跟鄰居互動以及有家的感覺都是非常重要的事情。

那麼他倆如何平息怒氣呢？怒氣可能來自於，他們擔心能否在適合的街區找到適合的房子。他們心裡或許會想：**要是挑錯怎麼辦？要是選了某間房子，結果住進去才後悔應該選另外一區怎麼辦？**

所以他們平息怒氣的方法就是，在搬到新地方的頭幾個星期，找個位於自己喜歡街區的Airbnb民宿來住住看。這種事先體驗的做法聽起來好像跟平息怒氣相違背，但住在哪一區若真的很重要的話，那麼直接把重點挑明，並且相信這種處理方式很適合他們，反而能替他們消除之後可能會產生的怒氣。*

## 安排休息時間

對遷居新地方來說，安排休息時間絕對是大事一件。

布莉不但因為舟車勞頓和拆箱作業而累垮了，情緒上也因為變動產生的壓力而疲憊不堪。這種情況下，休息就顯得十分重要。她會一週安排一天休息時間，不去管哪些事情做了沒，無論要做的事情有多少。她和丈夫一個星期有幾天的晚上會遠離還未拆封的箱子，兩人牽著狗去街上散步，什麼事都不想，只管一家人在一起。

* 順便提一下，布莉能想到這個點子真是不簡單，而且她也真的付諸實行。我到現在都還是覺得這方法實在太厲害了。

布莉把握休息時光，做了真正重要的事情（讓腦袋清醒一點），也因為有了充足的休息，讓自己得以復原，所以休息過後可以做好更多事情。

### ▼善待自己

布莉把這個懶惰天才守則發揮得耀眼無比。

搬家期間有很多壓力，有些是隱性的壓力，比方說她想盡快交到朋友，把新家布置成她自己的風格，以及他們夫妻希望可以輕鬆度過這段變動期。

但事情未必能如她所願，她說不定會覺得孤單、挫折，或者對自己必須過這樣的生活有些怨恨。

這種時刻，就是她善待自己的最佳時機。布莉會重視此時此刻的自己，以及當下的處境。她在信箱旁跟鄰居閒聊的情景，或是不用衛星導航靠自己找到前往雜貨店的路，她都會特別銘記在心。她和丈夫每週都會找時間在新家舉杯慶祝，紀念他們能一起過著這種探險生活。

善待自己之後，也有助於讓她對別人更好。

## 像懶惰天才一樣生活

我提出的並不是一套錯綜複雜、由數十種環節所構成的機制。在懶惰天才的十三個守則當中，其中有一半影響的是布莉的思維，而不是她做出的具體選擇。

儘管如此，當我分析了這些可能性之後，我認為遷居新地方是一件充滿冒險精神的事情。在搬家的過程當中會有各種挑戰和挫敗，一開始採取的步驟也特別叫人不知所措，但若用懶惰天才守則的視角來處理，布莉遷居新地方這件事就會朝著她重視的方向前進，而不是被她覺得「應該」做些什麼主導。

別建立龐大的機制。

只要順著這些守則處理你的情況，就可以兵來將擋，水來土掩。

## 快速案例分析：學習烹飪

假設你想學著做一個新活動，譬如烹飪，但光用想像的就覺得烹飪好像是很困難的事情。千萬不要還沒開始就放棄，就用懶惰天才的十三個守則來起步吧！

### ▼一次決定好

重複做同樣的六道菜，直到你覺得自己已經拿手為止。

### ▼從小處著手

別因為從最基本的料理學起——比方說煮義大利麵——就覺得不好意思。

▼問神奇的問題

早上就先準備食材，到了晚上就不會太匆忙，可以從容地顧好做菜的流程。

▼順著季節生活

接受你家的小小孩本來就會礙手礙腳的事實。另外，夏天吃漢堡，冬天就吃燉菜吧。

▼訂立適當的常規

每天早上一邊煮咖啡的同時，也提醒自己計劃一下晚餐要吃什麼。

▼建立家規

做飯時一定要穿上圍裙，賦予自己一種使命感。

▼物歸原位

先大致了解你家廚房有哪些用具，這樣一來你在學新菜色的時候，才不會手忙腳亂。

▼**讓別人走進你的生活**

邀請別人來家裡坐坐，就算你覺得自己準備的餐點很普通也沒關係，那不是重點。

▼**集中處理**

假如切菜最讓你感到挫折，不如找個星期日一次切好全部蔬菜，那麼接下來一週就不必再煩惱切菜的事了。

▼**精準化**

別買十七個新鍋子，你只需要一兩個最合用的鍋子。

▼**以正確順序做事**

在廚房最重要的就是要自信沉著，只要稍微放鬆你的標準，相信自己，就能平息怒氣。

▼**安排休息時間**

不必天天做晚飯，偶爾休息一下也很好。

▼**善待自己**

學新東西本來就不容易，只要有一點進步都可以為自己慶祝，不必為你還沒做到的事情煩心。

## 最終結論

在本書即將接近尾聲之際，我想說兩件事。

第一，千萬別為了你重視的事情而有罪惡感。如果說在外面吃飯，好好逛一逛你居住的城市、跟陌生人交流，還有成為派對的靈魂人物對你來說很重要的話，別因為這種生活有別於那些寧可邀請別人來家裡吃飯，而且晚上九點就上床睡覺的人，就覺得自己做的事情不應該。沒有一件事情不重要，因為我們都很重要，只是每個人重視的事情不一樣而已。把你覺得重要的事情找出來，只要你重視這件事情，它就有意義。

第二，你已經夠好了，別再努力成為未來那個理想的你，背負著你從不想背負的重擔。你為了要配得上周遭人給你的愛而做的一切，包括你努力工作、你列出的一長串待辦事項、你的奮鬥，都稍微放手一些吧。你已經夠好了。

⋮

現在，讓我們回到沙灘上。

別管鏟子或桶子，直接拿著你的沙灘椅慢慢走到水邊，將椅子放在柔軟的沙灘上，然後坐下來。靜靜地坐著。

感受一下那一波又一波慢慢湧過來的海浪，輕輕將你連人帶椅往沙灘裡陷，把你牢牢固定在原地。別試圖說服那些波浪快點過來，也不必勸你身邊的沙子再堆高一點。什麼都不必說，休息吧。接受這股寂靜，好好體會渺小之美。

在沙灘上可以同時感受到熱鬧與寂靜，這是最叫我心曠神怡的地方。聽起來很怪，對吧？海風和波浪的聲音響亮喧騰，使得周遭其他聲音和笑聲都變得模糊，但這些海灘上的聲音卻也是我聽過最平靜的聲音，一種來勢洶洶但又和緩輕柔的聲音。

當我們安靜下來去感受那股寂靜時，始終陪伴在我們身邊的上帝，祂說話的聲音我們就更容易聽見了。我們安心地坐在有祂陪伴的地方，讓祂的存在把我們牢牢固定在當下。

不用挖掘，不需要桶子，也不必環顧四周觀望別人在做什麼，只需要敞開雙臂去接納和回應我們珍愛又至高無上的天父所施展的力量。我們坐得愈久，愈是把握當下，我們就愈是情不自禁要邀請其他疲憊友人也將沙灘椅拉過來加入我們。

不妨也想像一下這個畫面：我們都變成了能安心做自己的一代女性，鼓勵彼此朝著最真實的自我靠近，把造成妨礙的東西除去。我全心全意支持這樣的世界。

朋友們，別努力過頭。

別再拚盡全力一搏。

你已經脫離母親的子宮，可以追著不斷移動的終點跑。你之所以疲憊，是因為你努力要戰勝這個世界，但創造宇宙的上帝已經勝了世界，所以我們可以打起精神來了。

上帝打造出如此美好的你和敬畏上帝的你。

祂無時無刻不眷顧著你。

祂為你花了無數心思。

你努力應付各種行程、家務和荒謬的期望，並因此深深陷在生活的泥沼裡，這些上帝都看在眼裡，但祂不會嘲笑你。住在你心底的基督與你同在，你只要做你現在的樣子就好。

朋友，請聽我一言：你是被愛的，你被看見了，你真的夠好了。

眼眶泛紅的我，非常感謝你，讓我有機會藉由這些文字進入你的生活，這是我畢生最大的榮幸之一。

我會一直為你加油。

不妨也想像一下這個畫面：我們都變成了能安心做自己的一代女性，鼓勵彼此朝著最真實的自我靠近，把造成妨礙的東西除去。

# 謝誌

我當初考慮寫書的時候，還以為最容易寫就是謝誌這個部分。沒想到，無論用多少文字，都無法讓我向所有陪伴我度過「來寫一本書吧」這段時光的人充分表達我的謝意。千言萬語，都難以真正傳達我對這些人士的感激。

首先，懶惰天才社群的每一位，謝謝你們，這本書就是為了你們而寫的，是你們賜予了這本書的誕生。你們收聽每一集podcast，你們動手做「改變你一生的雞料理」，而且用了各種方法為我加油打氣，對我意義之大遠超過你們想像，太謝謝你們了。我感謝你們對我的好意，向我提出的問題，以及你們的超能力——你們竟然知道哪裡有最棒的詹姆斯．麥艾維GIF動畫，還把動畫用在Instagram私訊裡。你們太厲害了，真想烤餅乾給你們吃。

十二萬分的謝意獻給WaterBrook團隊：蘇珊．提亞登（Susan Tjaden）為我修潤文字，喬哈娜．因伍德（Johanna Inwood）對行銷角色的看重勝過數據，麗莎．畢奇（Lisa Beech）和雀兒喜．伍德沃（Chelsea Woodward）想方設法呈現我要表達的想法，還有其他我未曾見過、努力催生這本書的人，真的真的非常謝謝你們。

麗莎・傑克森（Lisa Jackson），你是我堅強的後盾。謝謝你讓我三不五時傳Voxer語音訊息荼毒你，也感激你在我覺得自己犯了大錯的時候依然相信我。你不只是我的經紀人，也是我的朋友，謝謝你。

莉亞・賈維斯（Leah Jarvis），你是我翼下的風。謝謝你把工作辭掉來為我工作，有時候你比我自己還要了解我的腦袋在想什麼，多虧有你這位全能的開心果，我很榮幸有你陪伴。

艾蜜莉・弗利曼，我真的不知道沒有你我該怎麼辦。你把我說不清楚的事情講明白，也看到了我無法看清的事情，不管是育兒還是寫作或其他各種領域。你是我通往奧茲國的那扇門，讓我進入五彩繽紛的奇幻世界，用最能充分展現自我的文字跟大家分享我的經驗。不管是我做的工作、我所成就的這個人，抑或我在人世間的夢想，若是沒有你的陪伴，就全都不存在。你就是我的恩典，我愛你。

傑米・高登，當初我若是沒有寫電子郵件給你，天花亂墜地推薦自己跟你交個朋友會怎麼樣？說真的，我的世界沒有你的話一定很難受。我的朋友，你是個充滿驚喜的人，把慶祝的好處和希望無窮的禮物傳授給我。你也是我認識的人當中最風趣的一個，因為有你做我的朋友，我變成一個更好的人。

布莉・麥考伊和蘿拉・特里梅，多虧有你們和傑米做我夢想的智囊團，感謝你們聽我說了那麼多雞毛蒜皮的事情，你們幫忙解決我的事業問題，把我podcast節目在iTunes上的排行榜截圖下來傳給我當作慶祝。你們兩位絕對是天底下最棒的女士，我好愛你們。

麥奎琳・史密斯、卡洛琳娜・提賽爾（Caroline Teselle）、蒂許・奧森瑞德和艾蜜莉・弗利曼，謝謝你們像個受過專業訓練的傻瓜一樣，做我安全的避風港。這些年來你們幾位的智慧集結起來太令人讚嘆了，不管是在北卡羅來納州還是倫敦，我很感激擁有那些跟你們相處的時光和對話，對我的工作和生活產生很大的影響，很榮幸能有你們這些朋友。

艾琳・穆恩（Erin Moon），你是網路上最酷的女孩，也是我可以諮詢的最佳繆思。你讓我的工作有更清晰的目標，也為我的生活注入喜悅，你大概想像不到。我真高興網路把我們兩個兜在一起。

克諾斯・麥考伊，你是超級厲害的編輯，我真幸運能有你在我寫書的過程中給我鼓勵。謝謝你如此專業，為我的文字提供寶貴的意見，衷心感謝你這位超級大好人。

安・伯格，在我寫書的過程中，你每次來問候我的時機都恰到好處到讓我起雞皮疙瘩，謝謝你不離不棄地鼓勵我。

致所有陪伴我度過寫書過程的音樂人士：Penny & Sparrow、Songs of Water、Slow Meadow、The Gloaming、Yasmin Williams、Ólafur Arnalds和Balmorhea。容我向你們表達最深切的謝意，我若少了音樂便渾身不對勁，感謝你們在我遇到亂流的時候讓我覺得自己依然完整。

致希望教堂（Hope Chapel），這個我最珍愛又充滿驚奇的教會大家族暨共同體：你們的友誼來得正是時候，和你們相處的點點滴滴美妙至極，總讓我讚嘆不已。衷心愛著你們。

伊麗莎白和查理・史溫（Elizabeth and Charlie Swing）、安德拉亞和丹尼爾・諾斯魯普（Andraya and Daniel Northrup）以及葛瑞芬和艾林・凱爾（Griffin and Erin Kale），謝謝你們用各種我意想不到的方式替我加油吶喊，你們是我美好的朋友。

傑森和愛莉莎・溫瑟（Jason and Alisa Windsor），我永遠都會記得我在寫這本書的期間，你們接到電話通知說艾利斯泰爾（Alistair）要加入你們的家庭了。我很幸運有你們做我的朋友，你們兩位如此信任我的工作，長久以來一直支持著我，陪我們一起度過這些年天翻地覆的生活。我愛你們，讚美耶穌讓你們把那可愛的寶貝抱個滿懷。

漢娜・馮・派特（Hannah Van Patter），你寫了加油打氣的紙條放在我桌上，我生日的時候請我吃蛋糕，截稿日快到那陣子還邀我們去你家吃飯，我要謝謝你給我這份慷慨又堅定的友誼。你是上天賜給我的恩典，你對我的愛，我無限感激。麥可，敬全天下對披薩痴狂的人，也謝謝你幫我築了那道牆。我們家太愛你們家了，迫不及待要繼續跟你們一起闖蕩生活。由衷感激你們先跨出了那一步。

媽媽和瓊恩（Jon），謝謝你們全力支持我這個女兒，也謝謝你們在我寫書期間為我虔誠祈禱，還有你們不為其他原因，純粹因為我就是我而為我感到驕傲，謝謝你們，我好愛你們。

湯姆（Tom）和淨子（Seiko），感謝你們常常在我忙著工作的時候，為卡茲和孩子們張羅吃的，也謝謝你們為我的夢想喝采。你們是超級好的公婆，我萬分感激你們。

致路克、漢娜、伊米（Imi）、西拉斯（Silas）、邁爾斯（Miles）、麥特（Matt）、茱莉

（Julie）、摩根（Morgan）、艾娃（Ava）、甘納迪（Kennedy）、艾瑪琳（Emmaline）、傑勒米亞（Jeremiah）、克里斯（Chris）、貝姬（Becky）、艾薇（Ivy）、泰特（Tet）、健司（Kenji）、克莉絲汀（Christine）、凱瑞斯（Charis）、阿雷娜（Alana）和德瑞克（Derek）：我很幸運有你們這些家人。

漢娜・寇蒂（Hannah Kody），謝謝你，你比我還懂我自己的故事，你幫我搞定我的髮型，你在我說了沒人聽得懂的笑話時捧場地笑了，你知道我有什麼弱點卻因為這些弱點而更愛我。總之，最棒的就是你！我愛你這個妹妹（也因為你就是我的妹妹），我很開心你也是我的知心好友。

山姆、班和安妮，你們絕對是世界上最酷、最貼心的孩子。我愛你們愛到心都快爆炸了，能當你們的媽媽是我的榮耀。

卡茲，我下輩子、下下輩子、再下下下輩子還要選你。你的愛讓我有了新生命，是我最安全的避風港。我愛你，還有，在謝誌最後面出現的人是臭雞蛋！

# 注釋 一


1. James Clear, *Atomic Habits* (New York: Avery, 2018), 21.
2. Gary Keller and Jay Papasan, *The ONE Thing* (Austin, TX: Bard Press, 2013), 113.
3. Brené Brown, *The Gifts of Imperfection* (Center City, MN: Hazelden, 2010), 26.
4. Myquillyn Smith, *The Nesting Place* (Grand Rapids, MI: Zondervan, 2014), 61.
5. Greg McKeown, *Essentialism* (New York: Crown Business, 2014), 55.
6. Emily P. Freeman, "Sit Down on the Inside," episode 62, *The Next Right Thing*, podcast, 16:39, https://emilypfreeman.com/podcast/the-next-right-thing/62.
7. Clear, *Atomic Habits*, 24.

好想法 32

# 丟掉你的那些無關緊要

## 練習只擁抱重要的事，十三項日常祕方平衡家庭、工作與自我

The Lazy Genius Way: Embrace What Matters, Ditch What Doesn't, and Get Stuff Done

作　　者：康卓拉・阿達奇（Kendra Adachi）
譯　　者：溫力秦
主　　編：劉瑋
校　　對：劉瑋、林佳慧
封面設計：木木 Lin
美術設計：蔡欣潔、洪偉傑
行銷公關：石欣平
寶鼎行銷顧問：劉邦寧

發 行 人：洪祺祥
副總經理：洪偉傑
副總編輯：林佳慧
法律顧問：建大法律事務所
財務顧問：高威會計師事務所
出　　版：日月文化出版股份有限公司
製　　作：寶鼎出版
地　　址：台北市信義路三段 151 號 8 樓
電　　話：(02) 2708-5509　傳真：(02) 2708-6157
客服信箱：service@heliopolis.com.tw
網　　址：www. heliopolis.com.tw
郵撥帳號：19716071 日月文化出版股份有限公司
總 經 銷：聯合發行股份有限公司
電　　話：(02) 2917-8022　傳真：(02) 2915-7212
印　　刷：禾耕彩色印刷事業股份有限公司
初　　版：2021 年 1 月
定　　價：350 元
ＩＳＢＮ：978-986-248-935-2

This translation published by arrangement with WaterBrook,
an imprint of Random House, a division of Penguin Random House LLC
through Andrew Nurnberg Associates International Limited
Published in association with Alive Literary Agency, 7680 Goddard Street, Suite 200, Colorado Springs, CO 80920, www.aliveliterary.com

國家圖書館出版品預行編目資料

丟掉你的那些無關緊要：練習只擁抱重要的事，十三項日常祕方平衡家庭、工作與自我／康卓拉・阿達奇（Kendra Adachi）著；溫力秦譯. -- 初版. -- 臺北市：日月文化出版股份有限公司，2021.01
288 面； 14.7×21 公分. --（好想法；32）
譯自：The Lazy Genius Way: Embrace What Matters, Ditch What Doesn't, and Get Stuff Done.

ISBN 978-986-248-935-2（平裝）

1. 成功法 2. 自我實現 3. 生活指導

177.2　　109019590

日月文化集團
HELIOPOLIS
CULTURE GROUP
客服專線 02-2708-5509
客服傳真 02-2708-6157
客服信箱 service@heliopolis.com.tw

廣告回函
台灣北區郵政管理局登記證
北台字第 000370 號
免貼郵票

# 日月文化集團 讀者服務部 收

10658 台北市信義路三段151號8樓

對折黏貼後，即可直接郵寄

日月文化網址：**www.heliopolis.com.tw**

最新消息、活動，請參考FB粉絲團

大量訂購，另有折扣優惠，請洽客服中心（詳見本頁上方所示連絡方式）。

大好書屋　寶鼎出版　山岳文化

EZ TALK　EZ Japan　EZ Korea

日月文化集團
HELIOPOLIS
CULTURE GROUP

## 丟掉你的那些無關緊要

**感謝您購買** 練習只擁抱重要的事，十三項日常祕方平衡家庭、工作與自我

為提供完整服務與快速資訊，請詳細填寫以下資料，傳真至02-2708-6157或免貼郵票寄回，我們將不定期提供您最新資訊及最新優惠。

1. 姓名：＿＿＿＿＿＿　性別：□男　□女
2. 生日：＿＿＿年＿＿＿月＿＿＿日　職業：
3. 電話：（請務必填寫一種聯絡方式）
   （日）＿＿＿＿＿　（夜）＿＿＿＿＿　（手機）＿＿＿＿＿
4. 地址：□□□＿＿＿＿＿
5. 電子信箱：＿＿＿＿＿
6. 您從何處購買此書？□＿＿＿＿縣/市＿＿＿＿書店/量販超商
   □＿＿＿＿網路書店　□書展　□郵購　□其他
7. 您何時購買此書？　年　月　日
8. 您購買此書的原因：（可複選）
   □對書的主題有興趣　□作者　□出版社　□工作所需　□生活所需
   □資訊豐富　□價格合理（若不合理，您覺得合理價格應為＿＿＿＿）
   □封面/版面編排　□其他＿＿＿＿
9. 您從何處得知這本書的消息：　□書店　□網路／電子報　□量販超商　□報紙
   □雜誌　□廣播　□電視　□他人推薦　□其他
10. 您對本書的評價：（1.非常滿意 2.滿意 3.普通 4.不滿意 5.非常不滿意）
    書名＿＿＿　內容＿＿＿　封面設計＿＿＿　版面編排＿＿＿　文/譯筆＿＿＿
11. 您通常以何種方式購書？□書店　□網路　□傳真訂購　□郵政劃撥　□其他
12. 您最喜歡在何處買書？
    □＿＿＿＿縣/市＿＿＿＿書店/量販超商　□網路書店
13. 您希望我們未來出版何種主題的書？＿＿＿＿
14. 您認為本書還須改進的地方？提供我們的建議？

好想法　相信知識的力量

the power of knowledge

寶鼎出版

好想法 相信知識的力量

the power of knowledge

寶鼎出版